团 体 标 准

港珠澳大桥设计指南
第二分册：沉管隧道工程

Guidelines for Design of Hong Kong-Zhuhai-Macao Bridge
Division II : Immersed Tunnel Engineering

T/CHTS 10020—2019

主编单位：港珠澳大桥管理局
　　　　　中交公路规划设计院有限公司
发布单位：中国公路学会
实施日期：2019 年 10 月 31 日

人民交通出版社股份有限公司
北京

图书在版编目(CIP)数据

港珠澳大桥设计指南. 第二分册,沉管隧道工程:T/CHTS 10020—2019 / 港珠澳大桥管理局,中交公路规划设计院有限公司主编. — 北京:人民交通出版社股份有限公司,2020.10
ISBN 978-7-114-16810-9

Ⅰ.①港… Ⅱ.①港…②中… Ⅲ.①跨海峡桥—桥梁设计—中国—指南②沉管隧道—隧道工程—设计—中国—指南 Ⅳ.①U448.19②U459.9

中国版本图书馆 CIP 数据核字(2020)第 160434 号

标准类型:**团体标准**
Gang-Zhu-Ao Daqiao Sheji Zhinan　Di-er Fence:Chenguan Suidao Gongcheng
标准名称:港珠澳大桥设计指南　第二分册:沉管隧道工程
标准编号:T/CHTS 10020—2019
主编单位:港珠澳大桥管理局
　　　　　中交公路规划设计院有限公司
责任编辑:韩亚楠　郭红蕊
责任校对:孙国靖　扈　婕
责任印制:刘高彤
出版发行:人民交通出版社股份有限公司
地　　址:(100011)北京市朝阳区安定门外外馆斜街 3 号
网　　址:http://www.ccpcl.com.cn
销售电话:(010)59757973
总 经 销:人民交通出版社股份有限公司发行部
经　　销:各地新华书店
印　　刷:北京市密东印刷有限公司
开　　本:880×1230　1/16
印　　张:5
字　　数:154 千
版　　次:2020 年 10 月　第 1 版
印　　次:2020 年 10 月　第 1 次印刷
书　　号:ISBN 978-7-114-16810-9
定　　价:260.00 元

(有印刷、装订质量问题的图书由本公司负责调换)

中国公路学会文件

公学字〔2019〕129 号

中国公路学会关于发布《港珠澳大桥设计指南 第二分册:沉管隧道工程》的公告

现发布中国公路学会标准《港珠澳大桥设计指南 第二分册:沉管隧道工程》(T/CHTS 10020—2019),自 2019 年 10 月 31 日起实施。

《港珠澳大桥设计指南 第二分册:沉管隧道工程》(T/CHTS 10020—2019)的版权和解释权归中国公路学会所有,并委托主编单位港珠澳大桥管理局、中交公路规划设计院有限公司负责日常解释和管理工作。

中国公路学会
2019 年 10 月 28 日

前 言

本指南在总结港珠澳大桥沉管隧道设计及研究成果、施工经验的基础上编制。

本指南按照《中国公路学会标准编写规则》(T/CHTS 10001)的要求编写而成。本指南共分15章，主要技术内容包括总则，术语、符号和代号，基础资料，总体设计，管节结构设计，接头设计，抗震设计，地基处理与基础设计，基槽与回填防护设计，防水设计，耐久性设计，施工监测与运营期健康监测，临时工程设计，管节舾装设计，运营设施设计等。

本指南实施过程中，请将发现的问题和对指南的意见、建议反馈至港珠澳大桥管理局(地址：广东省珠海市横龙路368号；邮编：519000；联系电话：0756-3295080；电子邮箱：fl@hzmbo.com)，供修订时参考。

本指南由港珠澳大桥管理局提出，受中国公路学会委托，由港珠澳大桥管理局负责具体解释工作。

主编单位：港珠澳大桥管理局、中交公路规划设计院有限公司

主要起草人：方磊、吕勇刚、苏权科、张志刚、陈越、刘洪洲、吴泽生、黄清飞、苏宗贤、王勇、闫禹、李毅、王彦林、李贞新、鲁华英、张涛、许昱、李宏哲、秦辉辉、姬海、李会驰、胡传鹏、毛幸全

主要审查人：胡滨、周海涛、陈韶章、沈永芳、王华牢、袁勇、魏立新、白云、蒋树屏、韩亚楠

T/CHTS 10020—2019

目　次

1 总则 ··· 1
2 术语、符号和代号 ··· 2
　2.1 术语 ·· 2
　2.2 符号 ·· 4
　2.3 代号 ·· 4
3 基础资料 ··· 6
　3.1 一般规定 ·· 6
　3.2 调查 ·· 6
　3.3 测绘 ·· 7
　3.4 勘察 ·· 8
　3.5 地震 ·· 9
　3.6 水文 ··· 10
　3.7 气象 ··· 10
　3.8 航运及航道 ·· 10
　3.9 锚地及码头 ·· 11
　3.10 环境与生态 ··· 11
4 总体设计 ··· 12
　4.1 一般规定 ·· 12
　4.2 技术标准及指标 ··· 12
　4.3 隧道位置 ·· 13
　4.4 隧道平面 ·· 13
　4.5 隧道纵面 ·· 14
　4.6 隧道横断面 ··· 14
　4.7 岛上段 ·· 15
　4.8 大型临时工程 ·· 15
5 管节结构设计 ··· 16
　5.1 一般规定 ·· 16
　5.2 横断面设计 ··· 16
　5.3 纵向结构体系 ·· 17
　5.4 管节结构选型 ·· 18
　5.5 结构计算 ·· 18
　5.6 主体结构构造要求 ·· 28
6 接头设计 ··· 30
　6.1 一般规定 ·· 30
　6.2 管节接头 ·· 30
　6.3 节段接头 ·· 31
　6.4 最终接头 ·· 33

7 抗震设计 ………………………………………………………………………………… 35
7.1 一般规定 ……………………………………………………………………………… 35
7.2 分析验算 ……………………………………………………………………………… 36
7.3 抗震措施 ……………………………………………………………………………… 38
8 地基处理与基础设计 ……………………………………………………………………… 40
8.1 一般规定 ……………………………………………………………………………… 40
8.2 地基处理 ……………………………………………………………………………… 40
8.3 桩基础 ………………………………………………………………………………… 41
8.4 基础垫层 ……………………………………………………………………………… 42
8.5 地基基础计算 ………………………………………………………………………… 43
9 基槽与回填防护设计 ……………………………………………………………………… 45
9.1 一般规定 ……………………………………………………………………………… 45
9.2 基槽 …………………………………………………………………………………… 45
9.3 回填防护 ……………………………………………………………………………… 47
9.4 水下护坦 ……………………………………………………………………………… 48
10 防水设计 …………………………………………………………………………………… 49
10.1 一般规定 ……………………………………………………………………………… 49
10.2 结构防水 ……………………………………………………………………………… 49
10.3 接头防水 ……………………………………………………………………………… 49
11 耐久性设计 ………………………………………………………………………………… 52
11.1 一般规定 ……………………………………………………………………………… 52
11.2 材料耐久 ……………………………………………………………………………… 53
11.3 构造措施 ……………………………………………………………………………… 56
11.4 防腐措施 ……………………………………………………………………………… 57
12 施工监测与运营期健康监测 ……………………………………………………………… 59
12.1 一般规定 ……………………………………………………………………………… 59
12.2 施工监测 ……………………………………………………………………………… 59
12.3 运营期健康监测 ……………………………………………………………………… 60
13 临时工程设计 ……………………………………………………………………………… 62
13.1 一般规定 ……………………………………………………………………………… 62
13.2 干坞 …………………………………………………………………………………… 62
13.3 临时航道 ……………………………………………………………………………… 64
14 管节舾装设计 ……………………………………………………………………………… 65
14.1 一般规定 ……………………………………………………………………………… 65
14.2 端封门 ………………………………………………………………………………… 65
14.3 压载水箱 ……………………………………………………………………………… 65
14.4 其他辅助设施 ………………………………………………………………………… 66
15 运营设施设计 ……………………………………………………………………………… 69
用词说明 ………………………………………………………………………………………… 71

港珠澳大桥设计指南
第二分册：沉管隧道工程

1 总则

1.0.1 为规范港珠澳大桥沉管隧道设计，总结、推广港珠澳大桥沉管隧道设计经验，促进我国沉管隧道工程设计技术水平发展，编制本指南。

条文说明：我国沉管隧道理论研究和工程应用起步于20世纪70年代，进入21世纪以后快速发展，积累了丰富的工程经验。港珠澳大桥是"一国两制"框架下，粤港澳三地首次合作共建的超大型跨海通道，三地设计技术规范要求及设计习惯不完全一致，为保证大桥按统一标准建设，需统一设计中采用的技术标准及规范要求。港珠澳大桥沉管隧道在实施过程中，针对海洋环境、深厚软基、大回淤、特长等特点，提出了一系列成功的解决方案，通过总结其设计经验，将对我国后续的沉管隧道实施具有较好的指导意义。

1.0.2 本指南适用于港珠澳大桥沉管隧道工程设计，类似工程可参照执行。

条文说明：本指南重点规定了港珠澳大桥隧道沉管段设计中与土建相关内容。

1.0.3 沉管隧道设计应遵循"安全、适用、耐久、美观、环保、经济"的基本原则，满足公路使用功能要求。

1.0.4 沉管隧道设计宜积极采用新技术、新工艺、新材料、新设备。

1.0.5 沉管隧道设计除应符合本指南的规定外，尚应符合有关法律、法规及国家、行业现行有关标准的规定。

2 术语、符号和代号

2.1 术语

2.1.1 沉管隧道 immersed tunnel

在水域中主要由若干预制完成的基本结构单元,将其通过浮运、沉放、水下对接形成的隧道。

2.1.2 管节 element

一次或分次预制完成,可实施浮运、沉放、水下对接组成沉管结构的基本单元。

2.1.3 节段 segment

一次或分次预制完成,在陆上通过接头连接组成沉管管节的基本单元。相邻节段间纵向钢筋不连通,组成的管节称为节段式管节;反之,一般称整体式管节。

2.1.4 管节接头 element joint

管节与管节、管节与衔接段之间的连接结构。

2.1.5 节段接头 segment joint

节段与节段之间的连接结构。

2.1.6 最终接头 closure joint

实现沉管隧道贯通的连接结构,又称合拢接头。

2.1.7 剪力键 shear key

设于管节接头或节段接头,限制水平向及竖向位移的抗剪构件。

2.1.8 GINA 止水带 GINA gasket

安装于管节接头处的外贴压缩式防水专用橡胶制品。

2.1.9 OMEGA 止水带 OMEGA seal

安装于管节接头处的内贴可卸式防水专用橡胶制品。

2.1.10 可注浆中埋式止水带 groutable embedded waterstop

预埋在钢筋混凝土施工缝或管节节段间、用于止水的专用橡胶带制品。止水带通常是带钢边、可注浆式的橡胶止水带。

2.1.11 口部建筑 portal building

位于隧道轴线两端的出、入口建筑物。

2.1.12 通风竖井 ventilation shaft

隧道运营通风系统的进风、排风或排烟竖井。

2.1.13 中管廊 central gallery

设置于沉管横断面左右行车孔之间的综合服务廊道。

2.1.14 基槽　trench

用于埋置隧道的条形水下基坑。

2.1.15 碎石垫层　gravel bed

管节沉放前铺设于基槽底部，为管节提供稳定连续支撑的碎石层。

2.1.16 回填　backfilling

管节在基槽沉放到位后，采用碎石或其他材料对管节上部和基槽进行填筑。起到对管节位置锁定、防止上浮和覆盖保护等作用，可分为锁定回填、一般回填及护面回填。

2.1.17 压重层　ballast

安放在沉管内或沉管顶作为增加沉管有效重量的永久结构。

2.1.18 水下护坦　submarine protection apron

用于保护海床下构筑物免受船舶撞击、水流冲刷或侵蚀破坏的水下刚性构造物或设施。

2.1.19 隔离桩　isolation pile

以减少或阻隔邻近荷载不利作用为目的而设置的桩。

2.1.20 大边载　heavy side loading

为了保护人工岛或堤岸附近露出海床段的沉管隧道结构，采用石料进行大面积、厚回填的沉管防护，防护体在沉管结构两侧产生的较大荷载。

2.1.21 干舷　freeboard

管节在寄放、系泊、浮运过程中，其顶面高出吃水线的竖向距离。

2.1.22 干坞　dry dock

用于管节预制的场地，可兼用于舾装、起浮、系泊，通常为固定干坞；特殊情况下利用大型船舶作为管节预制、舾装的场地则称为移动干坞。

2.1.23 寄放区　sinking area

用于临时存放已经完成舾装后管节的水域。

2.1.24 浮运　floating transportation

管节预制完成后，浮于水面，将其拖运到指定位置的过程。

2.1.25 沉放　immersion

管节下沉至指定位置的过程。

2.1.26 对接　connection

管节与管节间或管节与岛上段间进行拉合及水力压接的过程。

2.1.27 舾装　outfitting

管节浮运沉放所需的临时设施及设备安装作业。

2.1.28 压载水箱　ballast tank

调整管节起浮、浮运、沉放过程中压载重量所采用的临时设施。

2.1.29 人孔 man hole

管节顶部预留的人员临时进出孔洞。

2.1.30 作业窗口 operation window

水文、气象等外部环境条件能够满足特定施工工序作业要求的一个连续时间段。

2.2 符号

C ——土体黏聚力；

d ——细粒土粒径；

e ——孔隙比；

f_a ——地基承载力修正值；

f_{ak} ——地基承载力特征值；

f_{rk} ——饱和岩石单轴抗压强度特征值；

G ——永久荷载；

H ——地基基础嵌入深度；

C50——立方体抗压强度标准值为50MPa的混凝土强度等级；

D ——粗粒土粒径；

E_c ——混凝土弹性模量；

E_s ——普通钢筋弹性模量；

E_p ——预应力钢筋弹性模量；

f_{cu} ——边长为150mm的混凝土立方体抗压强度；

$f_{cu,k}$ ——边长为150mm的混凝土立方体抗压强度标准值；

f_{ck}, f_{cd} ——混凝土轴心抗压强度标准值、设计值；

f_{tk}, f_{td} ——混凝土轴心抗拉强度标准值、设计值；

f_{sk}, f_{sd} ——普通钢筋抗拉强度标准值、设计值；

f_{pk}, f_{pd} ——预应力钢筋抗拉强度标准值、设计值；

f'_{sd}, f'_{pd} ——普通钢筋、预应力钢筋抗压强度设计值；

α ——附加应力系数；

γ_s ——饱和重度；

γ_{us} ——非饱和土的重度；

φ ——土内摩擦角；

β ——边坡角；

ν ——泊松比；

ψ_s ——沉降计算的经验系数；

K_0 ——侧向土压力系数。

2.3 代号

SLS：正常使用极限状态(Service Limit State)；

ULS：承载能力极限状态(Ultimate Limit State)；

EJ：管节接头(Element Joint)；

SJ：节段接头（Segment Joint）；
BC：基本组合（Basic Combinations）；
AC：偶然组合（Accidental Combinations）；
ODE：运营设计地震（Operation Design Earthquake）；
MDE：最大设计地震（Maximum Design Earthquake）；
PGA：地面峰值加速度（Peak Ground Acceleration）；
HWL：高水位（High Water Level）；
LWL：低水位（Low Water Level）。

3 基础资料

3.1 一般规定

3.1.1 沉管隧道设计应根据不同设计阶段的任务、目的和要求，进行资料搜集、调查、测绘及勘察，遇到特殊情况时，应进行补充调查。

条文说明：当遇到工程条件特别复杂，且对工程方案确定有较大影响时，应补充调查工作。补充调查是在上阶段已完成的调查工作基础上进行有针对性的补充，包括补充地质勘察、测绘及水文测试等。港珠澳大桥沉管隧道通过施工图设计阶段开展补充地质勘察、水文测试等，为工程方案顺利实施提供了重要的支撑。

3.1.2 干坞、寄放区及临时航道等大型临时工程应进行专项调查。

条文说明：沉管隧道工程除了调查隧道区沿线相关内容之外，还应重视干坞、寄放区、临时航道等大型临时工程的资料搜集与现场调查。宜充分利用附近地区的既有干坞、船坞等设施，结合管节结构设计，综合比选确定干坞场地。

3.2 调查

3.2.1 应调查隧道区的地理位置、交通及地形地貌等资料。

3.2.2 应调查隧道区水域的地质水文条件、水中建(构)筑物、航道、锚地、堤防、码头、渔业及生态环境等资料。

3.2.3 应调查干坞等大型临时工程的地理位置、工程地质、水文地质、气象及航道资料。

条文说明：港珠澳大桥沉管隧道在设计阶段通过对隧道区和大型临时工程的交通、地形、地质、地震及气象等资料的详细调查与分析，为工程的总体规划、管节设计、基础设计、两端接线设计、大型临时工程设计等提供了翔实的资料。

3.2.4 沉管隧道各设计阶段的基础资料调查与研究可按表 3.2.4 进行。

表 3.2.4 基础资料调研项目表

调查项目			阶段			目 的
			工可	初步设计	施工图设计	
社会以及环境条件调查	水道条件调查	航道现有的水深和宽度	○			研究隧道埋深及纵断面
		航道将来的水深和宽度	○			研究隧道埋深及纵断面
		禁止抛锚区域		○		分析隧道结构防护范围
		施工时暂时封闭的水域和时间			○	研究管节沉放计划
		航船大小	○	○		研究沉管管节防护设计
		水底有无遗留爆炸物			○	研究移除水雷、炸弹等爆炸物
	附近建构筑物及地下埋设物调查		○			研究隧道平纵线位及设置深度
	用地和渔业与其他所有权调查		○			研究隧道轴线线位
	水利防洪		○	○		确定隧道近陆域段的纵面高程
	航空限高		○	○		确定通风塔等建筑及施工装备高度

表 3.2.4(续)

调查项目			阶段			目的
			工可	初步设计	施工图设计	
社会以及环境条件调查	交通调查	交通量	○	○		研究车道数、通风及应急设施
		车辆类型(含运送危险品)	○	○		研究建筑限界与通风方案
	管线调查	项目自身需穿行隧道的管线	○	○		研究隧道横断面布置
		需穿行隧道的通信、供电、供水等社会管线	○	○		研究隧道横断面布置
	大气容许标准			○		确定通风方式及风井高度
	海洋保护区、文化遗产、天然纪念物等调查		○			研究隧道轴线线位
	地层调查	勘察及地层探测	○	○	○	地层划分及地质条件调查
		土质试验		○	○	确定设计用土质参数
		有害物质调查			○	确定开挖土体的处理方法
	荷载试验			○		确定地基反力系数等指标
	地震调查			○		抗震设计
	气象调查	风向、风速		○	○	研究管节系泊方法、计算通风竖井尺度
		降雨		○	○	用于隧道排水设计
		大气污染状况		○		分析隧道排气对大气的影响
	水文水质调查	异常潮位		○		研究结构受力及隧道防淹
		水流		○	○	研究管节系泊、浮运、沉放
		波浪		○	○	研究管节系泊、浮运、沉放
		水的相对密度		○	○	验算管节干舷及抗浮
		海底物质的活动		○		分析基槽回淤及海床稳定情况
其他	弃土、取土调查			○	○	用于基槽开挖及回填等设计
	管节制作调查	干坞位置	○	○		研究航道、浮运、系泊方案
		干坞区自然条件		○		分析预制施工计划等
		临时寄放场地			○	研究临时寄放布置及方法
		管节浮运航线			○	研究浮运航线及拖航方法

注:○为该阶段应开展的项目。

条文说明:沉管隧道设计属于一项复杂的系统工程,涉及结构、隧道、建筑、电气、防灾、地质、力学、测绘、材料、水力、船舶、海洋、环境等学科,专业多,基础资料要求全面、详细、准确,应分阶段有目的地进行调查,调查的项目及深度以满足工程设计开展为基本要求。地震动参数、通航安全评估、环境影响评价、设计水文波流参数等应开展专项研究,确保各阶段设计依据可靠。

3.3 测绘

3.3.1 应遵循先整体后局部、分级布网、逐级控制的原则。

3.3.2 应采用统一的工程坐标系统和高程系统。

条文说明：港珠澳大桥控制网分四级，分期逐级布设。沉管隧道采用隧道工程坐标系（TCS2010）。沉管隧道采用双线形联合锁网布测方法，与全导线网相比，双线形联合锁网精度提高15%～30%，可靠性也有所提升。

3.3.3 应查明隧道周围水下地形、地貌、海床面的分布状态及冲淤状况、两端接线地形及地物。

3.3.4 水下地形测绘的范围应取隧道轴线两侧宽度各不小于500m。

条文说明：通过水下地形图的测量可探明海床的冲淤、水下障碍物、取砂坑分布等状况，为沉管隧道设计提供基础性依据。一般情况下，取隧道轴线两侧宽度各不小于500m范围，当有特殊要求时，应扩大测绘范围。水下地形测绘采用1:2000和1:25000两种比例尺。其中，1:2000测量范围为沉管隧道设计轴线两侧各500m；1:25000测量范围根据局部动床模型试验研究确定，北界为内伶仃岛，南界为牛头岛。

3.3.5 水下地形测绘前应进行验潮。

条文说明：港珠澳大桥为海洋环境，潮差受水深、地形及气象等因素影响大，会影响管节沉放水文窗口的选择，水下地形测绘前进行验潮（即潮汐测量）。

3.3.6 水下地形测绘除应满足上述要求外，尚应符合现行《水运工程测量规范》（JTS 131）的相关规定。

3.4 勘察

3.4.1 应查明工程区域的新构造运动特征、工程地质及水文地质、隧道所经水域的水底沉积物、构筑物、障碍物及水下地质灾害。

3.4.2 应对钻探、物探及试验等不同手段获得的地质资料进行相互验证，综合分析。

3.4.3 勘探孔应沿隧道轴线与边线交错布置，勘探孔间距按照初勘、详勘及补勘阶段宜分别取100～200m、75～100m及30～75m，并应在隧道基槽边坡上适当布孔。

条文说明：水下物探工作应包括潜在影响隧道布置的水中障碍物与水下管线、可能受隧道影响的两岸建（构）筑物及地下管线等的探测。钻孔布置横向以隧道轴线为基线沿拟开挖的基槽边坡范围交叉对称布置。前期工可阶段以钻探为主，控制性钻孔不应少于钻孔总数的50%；初勘阶段采用钻探、物探及测试等相结合，控制性钻孔不应少于钻孔总数的25%。详勘阶段以钻探及原位试验为主，黏土、粉土及砂层中的非技术性钻孔可采用静力触探孔代替，静力触探孔应邻近钻孔布置。

港珠澳大桥沉管隧道初勘及详勘阶段采用以钻探为主的勘探方式，补充勘察阶段采用以原位静力触探为主的勘探方式。基于该项目的复杂性，本工程可行性研究分为工可和工可深化两个阶段，采取了调查、物探及钻探等综合勘察手段，勘探孔间距平均约400m。隧道区各阶段累计共完成179个钻探孔（含技术性钻孔与一般原位测试孔），403个原位静力触探孔。

3.4.4 勘探孔深度应满足隧道沉降计算需求，宜达到稳定持力层以下3～5m，并应有一定比例的控制性勘探孔。

条文说明：港珠澳大桥沉管隧道初勘及详勘阶段钻孔深度为进入强风化岩3～5m。补充勘察阶段技术性钻孔深度为进入第四大层中粗砂层至少3m，一般原位试验测试孔钻孔深度为进入强风化岩至少2m，波速测试孔的钻孔深度为进入强风化岩至少7m，原位静力触探孔在贯入中粗砂层后依据设备能力等因素综合确定终孔深度。

3.4.5 应根据地质勘察揭示含水层的岩性、埋藏条件、地下水的赋存状况等，对隧道区地下水特征进行评价，并通过试验评价其对工程建筑材料的腐蚀性影响。

3.4.6 应通过抽水试验确定场地各含水层的渗透系数和渗透影响半径。

3.4.7 应进行岩土物理力学参数试验及常规水质分析，必要时宜结合确定的基础与地基处理方案进行针对性的补充试验。

条文说明：工程地质与水文条件是影响沉管隧道设计难易程度的重要因素，通过该方面资料调查与搜集可全面掌握已有的相关信息，为水下隧道勘察与设计提供支撑性依据。沉管隧道所处环境条件复杂，地质勘察技术要求高、实施难度大，经济成本高，在勘察工作展开前应对已有资料进行充分调查与分析，根据设计阶段需要、施工方法与场地条件制订详细周密的勘察计划。地质钻探是水下隧道核实地层信息、获取地层物理力学参数的主要手段。因此，特别强调水下隧道的各阶段均应进行与其深度相对应的钻探工作。

当基槽宽度较小、深度不大时，可沿隧道轴线布置或基槽边坡范围内交叉布置钻探孔。港珠澳大桥沉管隧道具有水下基槽深度大，开挖引起基底回弹、管节安装后又再次受压等特点，室内土工试验应充分考虑土体的应力路径，确定合理的土工计算参数。

3.5 地震

3.5.1 应对工程区进行地震安全性评价。

3.5.2 应根据抗震设防标准开展抗震分析，可参照表3.5.2进行抗震设计所需基础资料调查。

表3.5.2 沉管隧道抗震设计调查表

试验位置及项目			参数指标							
			密度	变形模量	弹性波速度	泊松比	阻尼系数	抗剪系数	地基反力系数	地质结构	液化研究
试验探测调查		荷载试验		□					○		
	各种探测	弹性波探测		□	○						
		声波探测								○	
		电气探测								○	
钻孔调查	钻探	标准贯入试验	□	□	□	□		□		□	□
	各种测井	速度测井		□	○						
		PS测井		□	●	●				□	
		反射测井				□					
		电测井								□	
		密度测井	□								
	荷载试验	钻孔内荷载试验							○		
室内试验	静载试验	无侧限抗压试验		○	□	□		○			
		三轴压力试验		○	□	□	●	●			
		直接剪力试验						○			
	动载试验	动三轴试验		●	□	□	●				○
		动剪切试验		○	□						○
		共振圆柱试验		□	○	□	□				
		振动台试验		□	□	□	□				○

注：○表示试验结果可直接求得并用于研究；●表示试验结果可以是调查数据；□表示试验结果可间接求得。

条文说明：沉管隧道地基及回填层的约束小，抗震性能相对较弱，设计阶段应加强抗震分析。通过地震评价分析确定隧道区的地震带、潜在震源区、地震活动性参数及地震动峰值加速度衰减关系，进行项目工程场地的地震危险性计算。

3.6 水文

3.6.1 应根据工程的设计使用年限及施工工期要求，计算分析相应重现期的最高、最低水位以及不同重现期水流流速等水流特征。

3.6.2 应搜集分析隧址区运营期海平面的上升数据。

条文说明：港珠澳大桥沉管隧道按120年设计使用年限考虑海平面上升情况。具体设计中，根据搜集的海平面上升预测资料分析，按0.4m取值，并按0.8m工况进行校核。

3.6.3 应取得工程水域不同季节、不同水深的泥沙含量、水温及盐度。

3.6.4 应搜集波向、波高及频率等不同波况的波浪资料，并分析确定不同重现期的最大波高、周期、波长等设计波要素。

3.6.5 应搜集潮汐参数，包括类型、方向、持续时间、最高潮位以及最低潮位等。

条文说明：水文资料应按设计、施工各阶段要求进行详细的调查与分析。通常除了设计阶段的调查外，在沉管隧道施工期间也应对重点区域进行专项测试。当工程区域缺乏历年气象观测、水文监测等资料时，应在工程区设置气象、水文观测站进行观测。观测时间和频率应满足气象、水文推算的要求，必要时可请专业部门进行评估和预报。

3.7 气象

3.7.1 应搜集工程区域的气温、降水、风况、雾、霾、雷暴等气象资料，并应符合下列规定：

1 气温资料应包括有记录的极端最低气温、极端最高气温及年高温日数、月平均气温、月平均最高气温、月平均最低气温、月相对大气湿度等。

2 降水资料应包括年降水日数、中雨、大雨以及暴雨日数，1小时和日最大降水强度等。

3 风况资料应包括最大风速、极大风速、月平均风速、风向、大风天数及风况、台风情况及发生月份、月平均气压等，并应搜集大于6级风、台风等极端灾害天气的天数及月份分布。

4 雾、霾资料应包括有记录的年月平均雾日及分布规律、易发大雾和霾的月份等，能见度小于1000m大雾天气出现的天数和月份分布。

5 雷暴资料应包括平均雷暴日以及分布规律、雷暴易发生的月份及频率等。

3.8 航运及航道

3.8.1 应调查并搜集工程区域的航运、航道现状及远期规划资料。

3.8.2 应通过通航专题论证获得隧道区安全通航尺度。

条文说明：航运及航道的现状及规划调查主要用于沉管隧道纵面设计、结构设计、回填防护设计以及施工组织策划等方面。通航专题论证的主要内容应包括通航代表船型、航道底宽、安全航深、通航安全影响分析等。

3.9 锚地及码头

3.9.1 应调查工程区附近锚地的规模、规划及营运等情况。

3.9.2 应调查工程区附近码头用途、规模、基础形式、构造参数及运营年限等情况。

3.9.3 应调查工程海域通行船舶的锚重及尺寸。

条文说明： 锚地及码头调查主要用于沉管隧道平面设计、纵面设计以及施工组织策划方面，沉管隧道布置应尽量避让或远离既有锚地及码头。

3.10 环境与生态

3.10.1 应对工程区陆域、水域环境保护要求进行详细调研，并根据环境影响评价结论采取必要的环保措施。

3.10.2 应对中华白海豚保护区内海洋生物习性、繁育状况等进行专项调查，并提出保护措施。

条文说明： 港珠澳大桥自东向西穿越珠江口中华白海豚保护区。该保护区跨越香港与广东海域。在工程建设期，为最大限度地保护国家一级保护动物——中华白海豚，经专项研究及充分论证，采取了多项保护措施，如遵循"大型化、工厂化、标准化、装配化"的设计理念以减少海上作业时间，尽量避免在4—8月中华白海豚繁殖高峰期进行大规模疏浚及开挖作业等，实现了施工期中华白海豚"零伤亡"的目标。

3.10.3 应调研香港及澳门环境保护的相关规定和要求。

4 总体设计

4.1 一般规定

4.1.1 沉管隧道总体设计应满足公路规划、公路功能、自然资源、生态环境、可持续发展等要求,沉管隧道平纵线形、建筑限界、净空断面、通风、消防、照明和交通监控设施等应满足项目相关要求。

条文说明:沉管隧道总体设计包括隧道位置选择、平纵面、横断面、大型临时工程等内容,应在港珠澳大桥总体设计原则的指导下,满足公路功能要求,控制工程规模及建设风险,合理利用自然资源,保护生态环境。

4.1.2 沉管隧道工程应遵循"大型化、工厂化、标准化、装配化"的建设理念。

条文说明:港珠澳大桥主体工程设计全面地推行"大型化、工厂化、标准化、装配化"建设理念,以减少海上作业量,适应工程区台风影响大、航线复杂、环保要求高等特点,保障施工安全及航运安全,确保工程质量、耐久性及工期,同时有效保护海洋保护区的中华白海豚。对沉管隧道而言,"大型化"是指管节设计长度尽量长,体量最大化,尽可能采用大型预制构件、大型施工装备等;"工厂化"是指在工厂内预制节段式管节、最终接头等大型预制构件及附属设施装配预制件;"标准化"是指采用生产流水线的模式实施各种预制构件设计、制造及安装;"装配化"是指采用各种船机设备或施工装备按搭积木方式现场安装沉管管节或隧道内部附属设施等。

4.1.3 沉管隧道位置应满足路线总体规划要求,并应协调好与周边建(构)筑物、航道、地下管线间的关系。

条文说明:港珠澳大桥设置两座海中人工岛以实现跨海桥梁、隧道之间转换,应合理进行桥梁、隧道、人工岛的总体布置,尤其是岛隧结合部方案选择,以满足通航要求,减小人工岛长度,降低阻水率,满足功能性及建设条件要求。

4.1.4 沉管隧道内外平、纵线形应协调顺畅,满足行车安全和舒适要求。

4.1.5 隧道内净空尺寸除应满足建筑限界、设施布置外,尚应满足施工误差、结构变形、抗浮设计及工后沉降等要求。

4.1.6 应根据建设条件,结合工程类比、结构安全等确定管节结构与基础类型。

条文说明:确定管节结构与基础类型是沉管隧道设计的重要内容,其基本流程为:首先根据建筑限界、通风防灾、抗浮和干舷等要求初拟管节横断面几何尺寸,并根据地质条件、施工条件、管节结构等初拟基础方案;其次,根据横、纵向静力及抗震等计算优化确定管节结构横断面,考虑结构—基础共同作用计算确定地基刚度等基础设计参数;最后,经综合比选确定管节结构与基础类型。

4.1.7 沉管隧道应进行两端接线、隧道土建结构工程与运营设施之间的接口界面设计。

条文说明:港珠澳大桥是我国首座采用海中桥梁、人工岛、隧道等集群形式修建的跨海交通基础设施,其专业接口、内外部接口众多,相互之间关联度大,不仅要求桥梁、人工岛及隧道土建工程之间实现无缝衔接,还要求隧道土建结构与洞口建筑、岛上房建、通风、供配电、照明、防灾救援、给排水及交通工程、运营设施之间实现良好衔接,形成一个可靠、高效、系统的有机整体。

4.2 技术标准及指标

4.2.1 沉管隧道平面、纵面和横断面设计技术指标应满足公路等级、建设规模和通行能力服务水平等的要求。

条文说明:港珠澳大桥沉管隧道设计采用的主要技术标准及平纵线形技术指标如下:

(1) 公路等级:高速公路。

(2) 建设规模：双向六车道。

(3) 设计速度：100km/h。

(4) 服务水平：主线服务水平不低于二级。

(5) 建筑限界：宽度14.25m；高度5.1m。

(6) 抗震设防标准：120年超越概率10%。

(7) 平面线形：隧道段应尽可能采用直线，圆曲线半径不小于4000m。

(8) 纵坡坡度/坡长：$0.3\% \leqslant i < 3\%$（相应的坡长小于1000m）。

(9) 行车孔路面横坡：$\leqslant 1.5\%$。

4.2.2 沉管隧道结构设计技术指标应根据规定的设计使用年限、结构安全等级、抗震设防标准、防水等级等要求确定。

条文说明：港珠澳大桥沉管隧道结构设计采用的主要技术指标如下：

(1) 设计使用年限：120年。

(2) 结构安全等级：一级。

(3) 火灾热释放率：50MW（需配置泡沫—水喷雾灭火系统和独立排烟系统）。

运营期禁止超高、超宽、超长车辆、装有易燃、爆炸品和有毒化学品的汽车、履带车、过大轴重的货车、牵引车和压路机在隧道内通行。经专项论证和火灾试验，在配置完备的泡沫—水喷雾灭火系统和独立排烟系统后，沉管隧道结构按照50MW火灾热释放率进行防火设计。

(4) 结构耐火等级：一类（按RABT标准升温曲线的要求耐火极限不低于2h）。

(5) 结构防水等级：一级；管节结构抗渗等级≥P10。

(6) 汽车荷载：采用现行《公路桥涵设计通用规范》（JTG D60）公路—Ⅰ级汽车荷载值的125%进行计算，采用满足香港Structure Design Manual for Highways and Railways中规定的活载校核。

(7) 人防抗力等级：按六级进行人防荷载验算。

4.3 隧道位置

4.2.1 隧道位置应避开活动断裂，宜选择抗震有利地段。

4.3.2 隧道位置宜选择在水文、河势稳定及海床平缓地段，基槽底最大水深不宜大于60m，水流速度等窗口条件应满足管节浮运、沉放施工作业的要求。

条文说明：沉管隧道基槽底水深一般为20～30m，世界范围最大水深为土耳其博斯普鲁斯海峡沉管隧道，达58m。根据已有工程实例及沉管施工装备现状，提出基槽底最大水深不宜大于60m。港珠澳大桥沉管隧道基槽底最大水深约48m。

4.3.3 隧道位置选择应满足航道规划及航运条件，并有利于两侧相接构筑物的合理布设、隧道施工及海洋环境保护。

4.4 隧道平面

4.4.1 隧道平面线形应根据路线走向、地形、地质、水文、航道和水下障碍物等因素确定，具体技术指标应符合现行《公路路线设计规范》（JTG D20）及《公路隧道设计规范 第一册 土建工程》（JTG 3370.1）等相关规定。

条文说明：沉管隧道平面设计应首先查明隧道区水底管线、锚地等既有设施情况，查明区域断裂等不良地质，为平面设计提供依据。平面设计应根据路线总体走向，尽量减少对既有重要设施影响，尽量避让不良地质区段，平面轴线与航道中心线、防洪治导线宜正交或大角度斜交。

4.4.2 隧道沉管段平面线形宜采用直线。当设为曲线时，宜采用不设超高的圆曲线，并结合隧道功能、管节长度、内净空富余量、施工工艺等确定圆曲线半径。

条文说明：沉管隧道平面设置圆曲线对沉管管节预制、碎石垫层基础整平、浮运及沉放等施工都带来影响，尤其是沉管预制，应综合考虑，尽量采用大半径圆曲线以减小施工难度。平面直圆点设置宜与沉管段起终点、管节接头位置等相协调。采用"以直代曲"进行曲线管节预制时，应合理进行折线拟合，确保运营期隧道内净空满足设计要求。

4.4.3 隧道内行车道的行车视距均应符合现行《公路路线设计规范》(JTG D20)的规定。

4.4.4 隧道洞口内外侧各3s设计速度行程长度范围的平面线形应一致。特殊困难地段，经技术经济比较论证后，洞口内外平曲线可采用缓和曲线，但应加强线形诱导设施。

条文说明：沉管隧道洞口指隧道暗埋段与敞开段（包括减光段）交界处。港珠澳大桥沉管隧道两端均设置长110m减光段，其隧道洞口为暗埋段与减光段交界处。

4.4.5 平面轴线的基准线宜与横断面的中心线一致。

4.5 隧道纵面

4.5.1 隧道纵面线形应根据地形、地貌、地质等工程建设条件确定，具体技术指标应符合现行《公路路线设计规范》(JTG D20)及《公路隧道设计规范 第一册 土建工程》(JTG 3370.1)等相关规定。

条文说明：沉管隧道纵面线形组合应尽量减少水下基槽开挖与回填工程量，并充分考虑隧道内调坡调线、水平向与竖向施工误差、差异沉降、横向扭转等因素。隧道纵面根据海床面地形和航道情况可选用"V"形、"W"形等布置形式。为适应海床地形，满足航道规划要求，减少挖方量，控制最低设计高程，港珠澳大桥沉管隧道经综合研究采用"W"形纵坡，有效地降低水下作业的难度、施工风险及对海洋环境的影响。

4.5.2 纵面设计应根据航道规划尺度、水域最大冲淤包络线、通航船舶落锚深度、最小覆盖层厚度等因素确定。

条文说明：沉管段的结构顶高程应满足通航批复的安全通航宽度和埋深要求，并宜在水域最大冲淤变化包络线以下。当管节顶面有局部高出海床面时，应采取相应的技术措施，并经相关部门批准。

最小覆盖层厚度依据运营期环境条件及抗浮验算等确定，港珠澳大桥沉管隧道一般段落的设计覆盖层厚度为2.0m。

4.5.3 纵面设计应考虑竖曲线段机电设备安装高度、行车限界要求，并与管节接头、最终接头位置相协调。

4.5.4 隧道洞口内外侧各3s设计速度行程长度范围的纵面线形应一致。

4.5.5 高程设计基准线宜设于行车孔内路面靠近中管廊一侧的最高点处。

4.6 隧道横断面

4.6.1 沉管横断面总体布置应根据功能需要、结构受力、抗浮、运营维护、施工工艺等因素确定，宜采用双孔一管廊或多孔多管廊的矩形断面。在满足建筑限界要求的前提下，充分利用内部空间、合理控制规模，并与施工工艺相结合。

条文说明：沉管隧道横断面设计应结合埋深、车道数、交通工程及消防救援等需求，从技术、成本、工期、风险等方面综合比选不同行车孔数与管廊数的组合布置形式。有两孔（两行车孔之间设置隔墙，不设管廊，短隧道可采用），两孔一管廊（两行车孔之间设置中管廊），两孔或多孔多管廊（满足公铁合建或其他功能需求）等布置形式。港珠澳大桥沉管隧道结合通风方式，经对两孔三管廊、两孔一管廊等方案综合比较，选用两孔一管廊横断面，即两侧为行车道孔，中间为综合服务管廊。

4.6.2 安装在行车孔内的通风、照明、交通信号及监控、防灾等运营设施不应侵入建筑限界。

4.6.3 中管廊布置应考虑机电设备安装、通风排烟、废水泵房以及逃生通道等所需的空间要求。

条文说明：沉管隧道中管廊一般设置为三层，上层布置线缆，中间层为逃生通道，下层布置管道。港珠澳大桥沉管隧道中管廊结合通风排烟方式，上层为专用排烟通道，中间层为安全逃生及运营检修通道，下层为综合管线通道。

4.7 岛上段

4.7.1 岛上段设计应与相邻沉管段、结合部桥梁、岛上道路及岛上建筑等设计相协调。

条文说明：沉管隧道岛上段包括暗埋段与敞开段（含减光段）。

4.7.2 与沉管管节相衔接的岛上段设计应满足施工期防水与止推的要求。

4.7.3 岛上段方案应与管节预制工期、临时航道疏浚工期及干坞方案等匹配。

4.8 大型临时工程

4.8.1 大型临时工程应包括干坞、寄放区及临时航道等。

4.8.2 应根据工程规模、航道条件、管节结构、施工工期、工程造价等因素进行干坞选址及设计。

4.8.3 应根据工程规模、预制及舾装工艺、气象水文、安装进度等因素进行寄放区选址及设计。

4.8.4 临时航道包括出坞航道与浮运航道，应根据现状航道、浮运方案、管节尺寸、水流条件、水下地形等因素进行布置与设计。

条文说明：大型临时工程是沉管隧道设计极为重要的内容之一，其选址及方案设计直接影响工程的整体造价与工期控制，应根据沉管隧道工程规模、工期、造价、航道、航运、港口码头分布、交通、用地、场地远期规划等进行设计，并选定合理、可行的干坞类型及规模、管节舾装方案等。港珠澳大桥沉管隧道采用的是工厂法干坞，包括预制厂区、浅坞与深坞，深坞作为管节的寄放区。

5 管节结构设计

5.1 一般规定

5.1.1 管节结构形式应根据横断面构造、受力特点、施工条件、环保要求、工程经济等因素确定。

5.1.2 管节横断面尺寸除应满足隧道净空、结构受力和变形要求外，尚应满足浮力设计的要求。

5.1.3 管节结构设计应同步进行预留预埋孔洞及构造设计，并合理考虑施工工艺等要求。

5.1.4 管节结构应根据环境等级、设计使用年限、材料特点等进行抗裂及耐久性设计。

5.2 横断面设计

5.2.1 管节结构横断面尺度宜统一，结构尺寸应根据功能需求、结构受力、施工工艺及误差、设备安装、干舷、定倾高度及沉放后抗浮安全系数等确定。

条文说明：管节结构尺寸确定是一个反复优化的动态过程，首先在满足功能需要（包括行车限界、通风救援、设备或构件安装、管线布置、施工偏差等）的前提下，根据受力条件初拟横断面构造；然后验算结构受力、干舷、定倾高度及沉放后抗浮安全系数等，根据验算结果调整结构尺寸，反复动态优化，最终确定合理方案。港珠澳大桥沉管隧道经大量比选，采用"大倒角"侧墙与"Y"形中墙矩形钢筋混凝土结构横断面方案，管节宽度37950mm，高度11400mm，主体结构板厚1500mm，如条文说明图5-1所示。

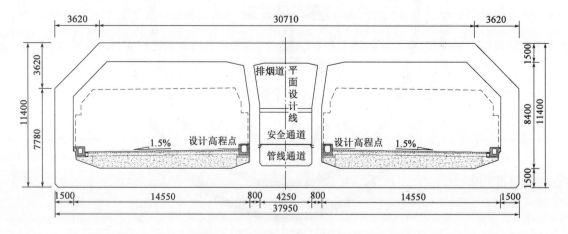

条文说明图 5-1 港珠澳大桥沉管隧道结构标准横断面（尺寸单位：mm）

5.2.2 沉管结构行车孔内净空富余量应满足以下要求：

1 侧向富余量应根据防火板、装饰板安装空间及施工偏差等确定，在建筑限界两侧各按150～200mm考虑。

2 底部富余量应根据压舱层厚度、路面结构厚度、调坡要求、管节工后沉降等确定。

3 顶部富余量应根据风机安装高度、规范规定富余值、对接偏差及干舷、抗浮要求等确定。

条文说明：沉管隧道沉管结构行车孔内净空侧向富余量根据平面线形及施工工艺酌情取值。当位于直线段，宜取150mm；当位于曲线段，根据平曲线半径及施工工艺取150～200mm。

5.2.3 沉管隧道中管廊内净空应满足下列要求：

1 排烟通道面积应满足火灾热释放率标准要求。

2 逃生通道内净空除应满足行人通道建筑限界要求外，尚应满足交通工程设备、设施布置空间。

3 管线通道尺寸应满足隧道各类管道、线缆布置空间要求，并考虑管养的便利性。

条文说明：港珠澳大桥沉管隧道火灾热释放率标准为50MW。经分析论证，排烟通道有效截面积要求不小于16m²。中管廊纵向逃生通道内净高应不小于2.1m，净宽应不小于2m。

5.2.4 管节结构应按照设计使用年限，采用基于概率理论的极限状态法，按短暂状况、持久状况及偶然状况分别进行结构横向及纵向设计计算。

5.2.5 管节干舷设计应根据管节结构尺寸、混凝土重度、结构含钢量、水体重度、施工临时荷载等因素确定，完成舾装后的管节干舷值宜控制在100~300mm范围内。

条文说明：确定合理管节干舷值是管节浮运和沉放顺利实施的前提之一，也是主体结构及舾装设计的基本内容。

干舷太大会加剧管节浮运时振荡与摇摆，浮态稳性较差，并加大沉放控制难度，同时对压载水箱容量要求大，加长了灌水和排水时间，且易导致沉放后抗浮安全系数偏小；干舷太小则不利于浮运控制，也增大了极端工况下"不可浮"的风险。干舷设计应确保极端工况下（混凝土相对密度及临时荷载取最大值、水体密度取最小值等）干舷最小值满足"浮得起"的要求，当舾装后实际干舷过大时，可通过管顶增设混凝土压重层进行调节。

5.2.6 管节定倾高度应结合施工期受到的侧向牵引力及横流力等进行稳定性验算，定倾高度控制值应通过抗倾分析计算确定。

条文说明：管节定倾高度关系到管节浮运和系泊过程中稳性和稳态，对于管节小倾角情况，定倾高度为正值时，可认为管节处于稳定状态，否则处于不稳定状态。由于外海波浪流变化复杂，施工过程中实施水流速和拖曳力监测十分重要。在施工前，可通过模型试验获取定量数据指导设计与施工，然后再通过施工监测进行反馈调整设计，避免管节发生较大偏转角度，维持管节浮运、系泊全过程的足够稳性。

5.2.7 应对沉管隧道进行抗浮验算，管节抗浮安全系数 f_s 应符合下列规定：

1 管节沉放、对接过程中：$f_s=1.01\sim1.02$。

2 管节沉放对接完成后：$f_s \geq 1.05$。

3 管节压舱混凝土置换后：$f_s \geq 1.06$。

4 管节顶部回填后：$f_s \geq 1.15$。

条文说明：根据国内外沉管隧道工程经验，管节结构计算时要考虑顶部回填防护体的荷载作用，但从利于结构长期稳定的角度出发，计算管节最小抗浮安全系数时不考虑顶部回填物的作用（假定全部冲刷），管节在运营期靠自身重量也须满足抗浮要求。管节最小抗浮安全系数计算仅考虑管节自重、压舱混凝土、附属构件等荷载，不考虑管顶回填、回淤物及侧墙土体摩擦。我国内河沉管隧道在基础处理阶段要求管节抗浮安全系数不小于1.04或1.05，压舱混凝土完成后不小于1.10，当完成管顶回填覆盖层后，管节抗浮安全系数一般不小于1.20，如上海外环隧道、广州珠江隧道等。

港珠澳大桥沉管隧道最不利工况考虑，管顶碎石防护全部被冲刷时管节抗浮安全系数不应小于1.06，考虑顶部回填时不应小于1.15。

5.3 纵向结构体系

5.3.1 隧道纵向结构体系及管节纵向结构类型选型应根据地质条件、建设条件、施工工艺等因素确定。

条文说明：隧道整体纵向结构体系包括纵向刚性结构体系和纵向柔性结构体系两大类。纵向刚性结构体系采用刚性管节接头，即管节沉放对接并沉降相对稳定后，对管节接头进行混凝土浇筑或钢板焊接实现刚性连接，如土耳其博斯普鲁斯海峡沉管隧道；纵向柔性结构体系采用柔性管节接头，管节接头通过GINA止水带压紧连接，通过剪力键等装置进行限位，目前大部分已建沉管隧道均属此类。

管节纵向结构类型有刚性管节、柔性管节、半刚性管节三类。刚性管节采用"整体式预制、分段或分层浇筑"方案，日本沉管隧道多采用该类结构。柔性管节采用"节段式预制、纵向临时预应力连接、沉放后剪断临时预应力索"方案，可达到加快预制进度、适应地基不均匀沉降等目的，欧洲沉管隧道多采用该类结构类型。半刚性管节采用"节段式预制、纵向适度永久预应力连接"方案，保证正常运营工况深埋沉管隧道的节段接头不张开，提高节段接头结构及防水可靠度，地震偶然状况下节段接头有限张开，合理释放地震引起的附加内力。港珠澳大桥沉管隧道研发了半刚性管节结构，并成功应用。

5.3.2 管节长度应根据纵向结构类型、管节纵向受力、建设条件、施工工艺、建设工期等因素确定。

条文说明：管节长度短，则纵向受力小、对预制场地要求低、施工相对便利、浮运沉放易控制，但管节数量及接头数量多、防水不利、沉放次数多、施工工期长。根据目前国内外已建成沉管隧道案例，整体式管节不宜超过130m，节段式管节不宜超过180m。经综合比选，港珠澳大桥沉管隧道管节采用工厂法节段式预制，标准管节长180m，由8个长22.5m的小节段组成，单管节总重量近8万t。

5.4 管节结构选型

5.4.1 管节结构形式应根据建设条件、管节结构内力计算、耐久性要求及施工难度风险等因素确定。

条文说明：管节结构有钢筋混凝土、横向永久预应力混凝土、钢壳混凝土等形式。无特殊情况宜采用钢筋混凝土结构。当钢筋混凝土管节结构配筋层数大于3层或干坞选址困难时，应比选钢壳混凝土组合结构，日本有多个实施案例。横向永久预应力混凝土管节结构也可显著减少结构板厚及配筋量，但目前在预应力锚头耐久性及防火方面存在劣势。港珠澳大桥沉管隧道管节采用钢筋混凝土结构，最终接头采用钢壳混凝土组合结构。

5.4.2 管节结构混凝土强度等级应不低于C40，且不宜高于C60。

条文说明：根据调研，国内外已建沉管隧道管节所采用混凝土有C30、C35、C40、C45四种强度等级。低强度等级混凝土虽然有利于施工期控裂，但不利于长期耐久性，也导致结构断面大，经济环保性差；混凝土强度等级过高会带来施工期水化热大、施工裂缝及浇筑质量控制难度风险大等问题。经调研分析，考虑结构强度和混凝土水化热控制等，并经足尺模型试验验证，港珠澳大桥沉管隧道管节混凝土设计强度等级采用C45(28d)、C50(56d)。本指南基于港珠澳大桥沉管隧道的建设经验，并结合已有的工程案例，提出管节结构混凝土强度等级应不低于C40，不宜高于C60。

5.5 结构计算

5.5.1 沉管隧道结构计算应采用荷载—结构模型，作用应按表5.5.1分类，横向计算主要荷载作用可按图5.5.1计算。

表 5.5.1 沉管隧道作用分类

编 号	作用分类	作用名称
1	永久作用	结构自重
2		静水压力
3		土压力
4		侧墙下拉荷载
5		管内附加荷载
6		混凝土收缩及徐变
7		纵向不均匀地基刚度作用
8		确定性施工荷载
9		预应力
10	可变作用	交通荷载
11		水位变化荷载
12		温度作用
13		波浪水流作用
14		地震作用（ODE）
15		不确定性施工荷载
16		航道作用影响
17	偶然作用	地震作用（MDE）
18		爆炸荷载
19		火灾作用
20		沉船及船舶撞击荷载
21		落锚及抛锚荷载
22		极端高水位和波浪

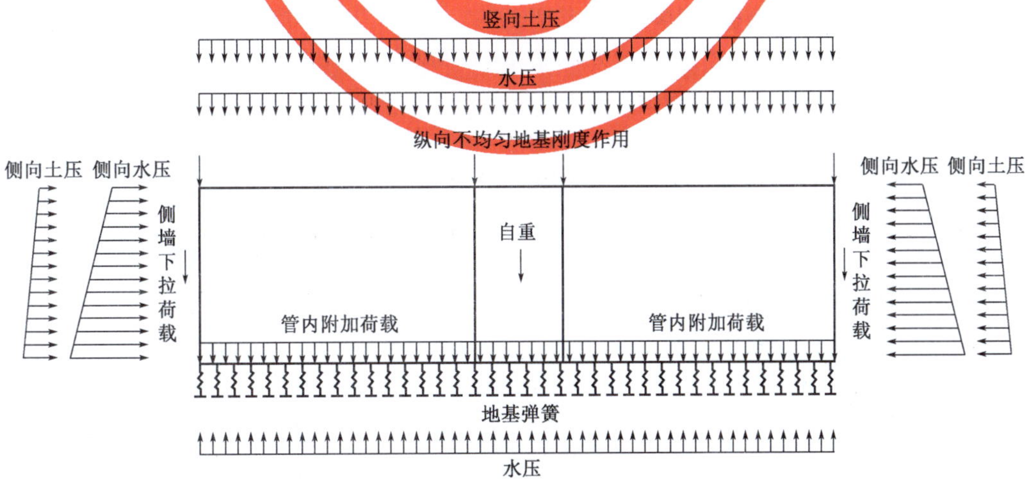

图 5.5.1 沉管隧道横断面结构计算简图

条文说明：沉管隧道结构计算作用应按永久作用、可变作用及偶然作用进行分类。

结构自重、静水压力、土压力、侧墙下拉荷载、混凝土收缩及徐变、纵向不均匀地基刚度作用、部分施工荷载（舾装荷载等）、预应力荷载等变动小，属持续性作用，应为永久作用。

静水压力按照平均水位进行计算，但在持久状况及偶然状况下组合计算时还应叠加设计使用年限内全球变暖引起海平面上升的水位高度，港珠澳大桥沉管隧道经分析论证取 0.4m。横向计算静水压力采用绝对水压，纵向计算静水压力采用浮力值。

土压力根据覆土厚度及地面附加荷载进行计算。

侧墙下拉荷载指管节回填完成及后期管顶淤积后，回填材料相对于管节结构产生沉降，从而造成在管节侧墙上的向下摩擦荷载。

管内附加荷载指压舱混凝土、路面铺装、内装、管道、检修道、边水沟等非主体结构自重。

纵向不均匀地基刚度作用可按侧墙、中墙平均分担的向下集中力计算。

施工荷载仅在短暂工况组合计算时考虑，部分荷载值在施工期基本稳定，如舾装件重量、浮运时端部水压等应为永久作用。

预应力为纵向预应力作用，港珠澳大桥沉管隧道采用纵向半刚性管节，纵向短暂状况计算（浮运沉放阶段）及永久状况计算均应考虑预应力作用。

隧道内交通荷载、外部水位变化荷载、温度作用、波浪水流作用、地震作用（ODE）、部分施工荷载（吊缆力等）及航道作用影响等应为可变作用。

温度作用考虑主体结构整体均匀升降温及主体结构沿板厚方向的梯度温度变化两种作用。

港珠澳大桥沉管隧道 ODE 地震作用对应 120 年超越概率 63%，按可变作用计算。

施工荷载仅在短暂工况下组合计算时考虑，部分荷载值在施工期有较大不确定性，如浮运沉放过程中吊缆力、不均匀加载水荷载等应为可变作用。

航道作用影响为航道疏浚引起的土压减载作用，应为可变作用，一般仅在纵向计算考虑。

地震作用、爆炸荷载、火灾作用、船撞荷载、沉船及抛锚、落锚荷载、极端高水位及波浪等对结构和基础沉降影响大，但在运营期间发生作用频度极小，应为偶然作用。

5.5.2 沉管隧道纵向分析宜采用考虑接头刚度的弹性地基梁模型。

条文说明：沉管隧道纵向受力与接头刚度取值密切相关，接头刚度应根据具体接头构造方案合理取值。无统计资料时，应通过开展物理模型试验或数值分析等确定接头刚度。

5.5.3 作用与作用组合。

1 结构设计应包括以下三种状况：

1) 短暂状况：应进行承载能力极限状态基本组合及正常使用极限状态标准组合验算。
2) 持久状况：应进行承载能力极限状态基本组合及正常使用极限状态标准组合验算。
3) 偶然状况：应进行承载能力极限状态偶然组合验算。

2 承载能力极限状态基本组合：永久作用设计值效应与可变作用设计值效应相组合，并按式(5.5.3-1)组合。

$$\gamma_0 S_{ud} = \gamma_0 \left(\sum_{i=1}^{m} \gamma_{Gi} S_{Gik} + \gamma_{Q1} S_{Q1k} + \psi_c \sum_{j=2}^{n} \gamma_{Qj} S_{Qjk} \right) \quad (5.5.3\text{-}1)$$

式中：S_{ud}——承载能力极限状态下作用基本组合的效应设计值；

S_{Gik}——第 i 个永久作用效应的标准值；

S_{Q1k}——主要可变作用效应的标准值；

S_{Qjk}——第 j 个可变作用效应的标准值；

γ_0——结构重要性系数，港珠澳大桥沉管隧道设计安全等级一级，取 $\gamma_0=1.1$；

γ_{Gi}——第 i 个永久作用效应的分项系数；

γ_{Q1}——主要可变作用的分项系数；

γ_{Qj}——第 j 个可变作用的分项系数；

ψ_c——组合系数，按表 5.5.3 取用。

3 承载能力极限状态偶然组合：永久作用的标准值效应与可变作用某种代表值效应、一种偶然作用标准值效应相组合。

4 正常使用极限状态标准组合，根据不同的设计要求，应采用以下两种效应组合：

1) 作用短期效应组合：永久作用的标准值效应与可变作用的频遇值效应相组合，并按式(5.5.3-2)组合。

$$S_{sd} = \sum_{i=1}^{m} S_{Gik} + \sum_{j=1}^{n} \psi_{1j} S_{Qjk} \tag{5.5.3-2}$$

式中：S_{sd}——作用短期效应设计值；

ψ_{1j}——第 j 个可变作用效应的频遇值系数，按表 5.5.3 取用；

$\psi_{1j} S_{Qjk}$——第 j 个可变作用效应的频遇值。

2) 作用长期效应组合：永久作用标准值效应与可变作用准永久值效应相组合，并按式(5.5.3-3)组合。

$$S_{ld} = \sum_{i=1}^{m} S_{Gik} + \sum_{j=1}^{n} \psi_{2j} S_{Qjk} \tag{5.5.3-3}$$

式中：S_{ld}——作用长期效应设计值；

ψ_{2j}——第 j 个可变作用效应的准永久值系数，按表 5.5.3 取用；

$\psi_{2j} S_{Qjk}$——第 j 个可变作用效应的准永久值。

表 5.5.3 可变荷载的组合系数

荷 载	ψ_c（基本组合）	ψ（偶然组合）	ψ_1（标准组合短期）	ψ_2（标准组合长期）
汽车荷载	0.6	0.5	0.7	0.4
均匀温度变化	0.6	0.8	0.8	1.0
温度梯度	0.0	0.0	0.8	0.8
水位变化	0.6	0.5	1.0	1.0
波浪及水流荷载	0.6	0.5	1.0	1.0

注：计算裂缝宽度时，取 0.0，其他情况取 1.0。

5.5.4 短暂状况基本组合及标准组合分项系数可按表 5.5.4 选取。

表 5.5.4 短暂状况不同组合分项系数（纵向计算）

作用分类	作用名称	基本组合	标准组合
永久作用	结构自重	1.0/1.2	1.0
	压舱混凝土	1.0/1.2	1.0
	端封门重量	1.0/1.2	1.0
	端钢壳重量	1.0/1.2	1.0
	压载水箱重量	1.0/1.2	1.0
	临时舾装及其预埋件重量	1.0/1.2	1.0
	测量塔、人孔的重量	1.0/1.2	1.0
	管节端部的水压	1.0/1.2	1.0
	压载水箱中水的重量	1.0/1.2	1.0
	收缩徐变	1.0	1.0
	浮力	1.0	1.0
	预应力	1.0/1.2	1.0
可变作用	沉放驳传递的吊缆力	1.0	1.0
	混凝土不均匀重度	1.4	1.0
	不均匀加载水荷载	1.4	1.0
	波浪荷载	1.4	1.0
	水流力	1.4	1.0

注：1. 荷载对结构有利时分项系数取 1.0，不利时分项系数取 1.2。
2. 端封门、压载水箱、临时舾装及预埋件、测量塔、人孔、压载水箱中水的重量属于确定性施工荷载，沉放驳传递的吊缆力属于不确定性施工荷载。

条文说明：短暂状况对应施工临时阶段，根据沉管管节受力特点，施工临时阶段可不进行横向静力计算，特殊工况下进行横向静力计算时，应根据具体计算条件确定荷载及分项系数。

5.5.5 持久状况基本组合及标准组合分项系数可按表 5.5.5-1 和表 5.5.5-2 选取。

表 5.5.5-1 持久状况不同组合分项系数（横向计算）

作用分类	作用名称	基本组合	标准组合
永久作用	结构自重	1.0/1.2	1.0
	静水压力（平均水位）	1.0/1.1	1.0
	竖向土压	1.0/1.2	1.0
	侧向土压	1.0/1.4	1.0
	侧墙下拉荷载	0/1.4	1.0
	管内附加荷载	1.0/1.2	1.0
	混凝土收缩及徐变	1.0	1.0
	纵向不均匀地基刚度作用	1.0/1.2	1.0

表 5.5.5-1(续)

作用分类	作用名称	基本组合	标准组合
可变作用	交通荷载	1.4	1.0
	水位变化荷载	1.4	1.0
	截面温度梯度	0.0	1.0
	波浪水流作用	1.4	1.0
	地震作用(ODE)	0.0	1.0

注:1. 分为对结构有利与不利两种工况,有利时应取小值,不利时应取大值。
　　2. 承载能力极限状态基本组合计算时不考虑。

表 5.5.5-2　持久状况不同组合分项系数(纵向计算)

作用分类	作用名称	基本组合	标准组合
永久作用	结构自重	1.0/1.2	1.0
	静水压力(水浮力)	1.0/1.1	1.0
	竖向土压	1.0/1.2	1.0
	侧墙下拉荷载	0.0/1.4	1.0
	管内附加荷载	1.0/1.2	1.0
	混凝土收缩徐变	1.0	1.0
	预应力	1.0/1.2	1.0
可变作用	交通荷载	1.4	1.0
	均匀温度	1.4	1.0
	地震荷载(ODE)	—	0.0/1.0
	梯度温度	1.4	1.0
	航道作用影响	0.0/1.4	0.0/1.0

注:1. 分为对结构有利与不利两种工况,有利时应取小值,不利时应取大值。
　　2. 纵向计算竖向土压应考虑岛头建筑局部荷载影响。
　　3. 运营设计地震ODE工况可不对结构裂缝宽度进行验算。

5.5.6　偶然状况偶然组合分项系数可按表 5.5.6-1 和表 5.5.6-2 选取。

表 5.5.6-1　偶然状况偶然组合分项系数(横向计算)

作用分类	作用名称	偶然组合
永久作用	结构自重	1.0
	静水压力(平均水位)	1.0
	竖向土压	1.0
	侧向土压	1.0
	侧墙下拉荷载	0.0/1.0
	管内附加荷载	1.0
	混凝土收缩及徐变	1.0
	纵向不均匀地基刚度作用	1.0

表 5.5.6-1（续）

作用分类	作用名称	偶然组合
可变作用	交通荷载	1.0
	水位变化荷载	0.0/1.0
	截面温度梯度	1.0
	波浪水流作用	0.0/1.0
	地震作用(ODE)	1.0
偶然作用	地震作用(MDE)	1.0
	爆炸荷载	
	火灾作用	
	沉船及船舶撞击荷载	
	落锚及抛锚荷载	
	水淹荷载	
	极端高水位和波浪	

注：1. 分为对结构有利与不利两种工况，有利时应取小值，不利时应取大值。
2. 当与极端高水位和波浪组合时，取 0.0。

表 5.5.6-2 偶然状况偶然组合分项系数（纵向计算）

作用分类	作用名称	偶然组合
永久作用	结构自重	1.0
	静水压力（水浮力）	1.0
	竖向土压	1.0
	侧墙下拉荷载	1.0
	管内附加荷载	1.0
	混凝土收缩徐变	0.0/1.0
	预应力	1.0
可变作用	交通荷载	1.0
	均匀温度	0.0/1.0
	地震荷载(ODE)	0.0/1.0
	梯度温度	1.0
	航道作用影响	0.0/1.0
偶然作用	地震作用(MDE)	1.0
	沉船荷载	
	水淹荷载	

注：1. 计算接头位移时应取 1.0，其他取 0.0。
2. 与地震作用(MDE)组合时应取 0.0。
3. 有利时应取 0.0，不利时应取 1.0。

5.5.7 永久作用标准值取值应符合下列规定：

1 管节结构自重、压重混凝土等作用可按表5.5.7-1所列重度进行取值。结构设计和干舷计算时应取最大重度，管节抗浮计算时应取最小重度。

表5.5.7-1 混凝土重度

混凝土	C45(28d)结构混凝土	C30压重混凝土
最大重度(kN/m^3)	24.0	23.3
最小重度(kN/m^3)	23.3	22.5

2 水压或水浮力计算时水的重度可取9.894～10.06 kN/m^3，内力计算及抗浮计算时取重度最大值，干舷计算时取重度最小值；永久工况内力计算对应水头高度应考虑设计使用年限内全球变暖所引起海平面上升的高度。

3 竖向土压及抗浮计算时回填材料及回淤重度可按表5.5.7-2取值。结构设计计算回填荷载时应采用最大值，管节抗浮计算时应采用最小值。

表5.5.7-2 回填材料及回淤重度

项 目	最大重度(kN/m^3)	最小重度(kN/m^3)
一般回填	21	17
反滤层砂石与块石护面层	22	18
回淤	15	14

4 侧向土压应按水土分算原则，根据竖向土压乘以静止侧压力系数确定。

5 侧墙下拉荷载值应根据侧向土压及下拉摩擦系数确定，摩擦系数可取0.5。

6 管内附加荷载重度可按23kN/m^3计算。

条文说明：管内附加荷载包括压舱混凝土、路面铺装、内装、管道、边沟、防撞侧石等，应根据相应构造进行荷载计算。该荷载作用对结构内力影响较小，一般情况下，可简化为仅考虑压舱混凝土及路面铺装荷载。

7 管节结构混凝土收缩可按等效降温效应进行计算，徐变效应可按弹模折减进行计算，钢筋混凝土结构静力计算可不考虑徐变效应。

8 横向计算时，纵向不均匀地基刚度作用可简化为平均作用于侧墙、中墙的竖向向下荷载。

条文说明：纵向不均匀地基刚度作用为纵向计算中1m长度范围内，纵向两端面最大剪力差。

5.5.8 可变作用标准值取值应符合下列规定：

1 汽车荷载应采用现行《公路桥涵设计通用规范》(JTG D60)中公路—Ⅰ级荷载值的125%进行计算，并应计算无汽车荷载、单孔满载、双孔满载三种工况组合。

2 水位变化荷载应同时考虑设计重现期内极端高水位和极端低水位两种工况组合。施工阶段设计计算时重现期应根据实际施工年限评估确定，不应小于10年。

条文说明：港珠澳大桥沉管隧道在承载能力极限状态和正常使用极限状态计算中采用120年重现期的水位。施工阶段设计计算采用重现期为10年的水位。水流力对管节沉放影响较大，可预测性差，且国内外对水流力研究尚缺少足够的计算经验，应结合工程实际开展相关测试后取用。根据专题研究，港珠澳大桥桥位处120年重现期高水位HWL为3.52m(85黄海基准高程，下同)，低水位LWL为-1.53m，潮差3.58m。10年重现期高水位HWL为2.74m，低水位

LWL为-1.27m,潮差3.15m。

3 波浪和水流荷载应根据设计重现期内有效波高及水流速度确定,考虑波峰和波谷两种工况组合。施工阶段计算时重现期根据实际施工年限评估确定,不应小于10年。

4 纵向计算应计算季节变化导致的整体升温和整体降温效应,横向计算应计算隧道内、外侧温差造成的截面温度梯度效应。

条文说明:根据港珠澳大桥所在区域多年空气温度监测数据及海底实测温度数据,经分析确定港珠澳大桥沉管隧道纵向计算按整体升温+15℃、整体降温-15℃取值;横向计算时管节顶板和侧墙按±10℃截面温度梯度取值,管节底板考虑上覆压舱混凝土、按±5℃截面温度梯度取值。

5 施工临时荷载应根据施工工艺评估确定。

5.5.9 偶然作用标准值取值应符合下列规定:

1 地震作用应按下列取值:

1) 运营设计地震(ODE)E1水准:120年超越概率63%。
2) 最大设计地震(MDE)E2水准:120年超越概率10%。

条文说明:根据国内外沉管隧道工程经验,大型沉管隧道地震作用可分为运营设计地震(ODE)及最大设计地震(MDE)两种作用。港珠澳大桥沉管隧道设计使用年限内选择63%及10%两种超越概率进行相应抗震计算。运营设计地震(ODE)常用重现期一般为75~100年,允许设计使用年限内发生1~2次地震,在地震过程中和地震后结构必须完好无损,没有或很少发生损坏。最大设计地震(MDE)常用重现期一般为750~1000年,要求设计使用年限内极少发生一次,在地震过程中和地震后结构允许发生大的损坏,但仍要保持其功能,不能妨碍人员逃生。韩国釜山—巨济沉管隧道MDE重现期取750年,Coatzacoalcos沉管隧道MDE重现期取1000年,港珠澳大桥沉管隧道MDE重现期取为1039年。

2 爆炸荷载应按发生在沉管隧道任意一个行车孔内考虑,内部爆炸可取100kPa的静力荷载。外部爆炸应按照人防六级标准进行验算,可取60kPa。

条文说明:据国内外调研,已建沉管隧道普遍假定同一时间只能在一个行车孔内发生一起爆炸事件。参照已有工程实例,内部爆炸荷载可取为100kPa的等效静载作用在任意长度的整个内表面上。人防六级标准即规定60kPa的等效静力荷载作用在隧道外表面,仅在不考虑回淤的偶然荷载组合中考虑。

3 火灾作用应根据火灾工况下主体结构强度、弹模折减后对应值对结构承载能力进行验算。

条文说明:火灾本身不产生荷载,但会导致主体结构强度及弹模降低,火灾工况下应根据火灾设防标准、对材料强度和弹模进行折减后进行结构承载能力验算。

4 沉船、船撞、落锚或抛锚荷载应根据航道等级、代表船型及船舶流量参数、工程参数等通过专项研究确定。

条文说明:沉船荷载是船只失事后恰巧沉没在沉管隧道顶部所产生的荷载,设计时一般视为均布荷载。这种偶然荷载与船型、吨位、装载情况、沉没方式、覆土厚度等诸多因素相关,目前无统一的规定,一般情况可假定为50kPa。

5 极端高水位及波浪组合应按1000年重现期的高水位与1000年重现期的波浪组合进行验算。

条文说明:根据国内外沉管隧道调研结果,针对港珠澳大桥沉管隧道具体特点,运营期沉管隧道按照抵抗1000年重现期的高水位与1000年重现期的波浪组合进行验算。

5.5.10 排烟孔、人孔等结构预留孔洞、节段接头剪力键榫槽局部、管节接头纵向端部等局部构造受力复杂,宜采用三维模型进行计算。

条文说明:针对排烟孔、人孔等结构预留孔洞、节段接头剪力键榫槽局部、管节接头纵向端部等非标准构造,不能简化为二维框架模型进行内力计算,须建立局部三维板单元或实体单元进行内力或应力计算。

5.5.11 钢筋混凝土结构承载能力及裂缝应按照现行《公路钢筋混凝土及预应力混凝土桥涵设计规范》(JTG 3362)进行验算。

条文说明：港珠澳大桥沉管隧道采用高速公路标准，依据《公路钢筋混凝土及预应力混凝土桥涵设计规范》(JTG 3362)进行承载能力及裂缝验算。

5.5.12 干舷根据浮力原理求解计算，当横断面为标准矩形管节时，可按式(5.5.12)、图5.5.12计算：

$$H_\mathrm{b} = H - \frac{W_\mathrm{s}+W_\mathrm{f}}{BL\gamma_\mathrm{w}} \tag{5.5.12}$$

式中：H_b——管节干舷(m)；

H——管节设计高度(m)；

W_s——管节自重(kN)；

B——管节设计宽度(m)；

W_f——舾装件重量(kN)；

L——管节实际预制长度(m)；

γ_w——水体重度(kN/m³)。

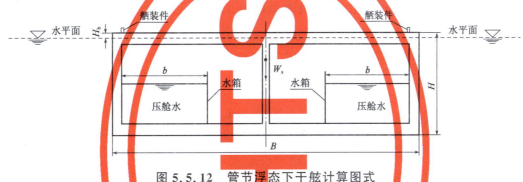

图 5.5.12 管节浮态下干舷计算图式

5.5.13 管节定倾高度可按式(5.5.13-1)、图5.5.13计算：

$$\overline{\mathrm{MG}} = \frac{J-\sum J_\mathrm{w}}{V} - \overline{\mathrm{GF}} \tag{5.5.13-1}$$

式中：$\overline{\mathrm{MG}}$——定倾高度(m)；

J——浮运时管节对通过重心铅垂线的惯性矩(m⁴)；

J_w——浮运时管节内压载水箱中水体对自身重心铅垂线的惯性矩(m⁴)；

V——管节排水体积(m³)；

$\overline{\mathrm{GF}}$——管节浮心至管节重心间的距离(m)。

图 5.5.13 管节浮态时定倾高度计算图式

当管节倾斜角小于10°时,倾斜角 φ 可按式(5.5.13-2)计算:

$$\varphi = \frac{\sin^{-1} M_k}{\gamma_w V \cdot \overline{MG}} \tag{5.5.13-2}$$

式中:M_k——因偏心或水平力而引起的管节倾覆力矩(kN·m)。

条文说明:管节浮运、系泊时,维持管顶面水平对于其稳性至关重要。一般情况下浮运、系泊过程中允许管节出现微量倾斜,但当管节倾斜角大于10°时,应采用船舶工程稳定性计算方法进行验算。

5.6 主体结构构造要求

5.6.1 管节主体结构不应设置施工缝。

条文说明:港珠澳大桥沉管隧道采用节段式管节,工厂法预制。单节段实施全断面一次性整体浇筑工艺,不应设施工缝。

5.6.2 管节主体结构最外侧钢筋的混凝土保护层厚度应根据结构类型、环境条件和耐久性要求等确定,应不小于表5.6.2的规定值。

表5.6.2 沉管主体结构混凝土保护层最小厚度

位置	结构外侧	结构内侧	中墙
保护层厚度(mm)	70	50	50

条文说明:港珠澳大桥沉管隧道钢筋保护层最小厚度经耐久性专题研究确定,其他类似工程可参考使用。

5.6.3 主体结构最外侧受弯压钢筋直径不宜大于32mm,采用多层钢筋配置时,竖向中心层间距不宜小于100mm,纵向水平中心距不宜小于120mm。

条文说明:外侧受弯压钢筋直径过大,将直接削弱混凝土对外侧钢筋的握裹效果,易导致混凝土表面出现水化热引起的应力裂缝,经研究,最外侧钢筋最大直径取32mm。

港珠澳大桥沉管隧道横向主筋配筋3~4层,最大直径40mm。根据《公路钢筋混凝土及预应力混凝土桥涵设计规范》(JTG 3362—2018),钢筋净距应保证振捣器可顺利插入,钢筋净距不应小于40mm,并不小于钢筋直径的1.25倍。故考虑振捣要求,钢筋纵向水平中心距不宜小于120mm,可按100mm、140mm间隔布置。

5.6.4 钢筋混凝土构件最小配筋率应满足下列要求:

1 轴心受压构件、偏心受压构件横、纵向受力主筋的配筋率均应不小于0.50%,一侧钢筋的配筋率应不小于0.20%。当大偏心受拉构件的受压区按计算需要配置受压钢筋时,配筋率应不小于0.20%。

2 受弯构件、偏心受拉构件及轴心受拉构件的一侧受拉钢筋的最小配筋率应满足下式的要求,并应不小于0.20%。

$$\mu_{\min} = \frac{4.5 f_{td}}{f_{sd}} \tag{5.6.4}$$

式中:$\mu_{\min}$——最小配筋率;
f_{td}——混凝土轴心抗拉强度设计值(MPa);
f_{sd}——钢筋抗拉强度设计值(MPa)。

条文说明:横、纵向受力钢筋指沉管结构满足受弯压或弯拉作用下结构强度和刚度要求所配置的沿隧道横断面方向的横向钢筋及沿隧道轴向的纵向钢筋,统称受力主筋。受力主筋直径不宜小于16mm,以增强钢筋笼刚度,适应港珠澳大桥沉管隧道工厂法预制工艺要求。

5.6.5 预留孔洞最大单边尺寸大于或等于300mm时应进行局部受力计算及构造验算,最大单边尺寸小于300mm时应进行构造加强设计。

条文说明:单边尺寸大于或等于300mm(边长或直径)预留孔洞根据局部计算应力或内力进行配筋加强设计,单边尺寸小于300mm(边长或直径)预留孔洞可以按照截断多少主筋则在洞口边缘补强多少主筋的原则进行加强,必要时增配与主筋呈45°交叉斜向构造钢筋。

6 接头设计

6.1 一般规定

6.1.1 接头设计应根据纵向结构体系及接头形式、地基及基础处理方案、基底荷载等因素确定，接头类型与构造布置应根据接头抗剪能力、接头张开量等要求确定。

6.1.2 接头设计荷载应根据纵向计算结果确定，接头构造设计应满足接头的水密性、耐久性、抗震性、施工和维护的便利性等要求。

条文说明： 管节接头、节段接头是沉管隧道结构及防水的薄弱环节，应具有抵抗各种变形的能力及水密性要求，以保障接头施工期和运营期安全性。通过纵向结构计算可确定接头设计荷载及张开量，据此开展接头构造设计。纵向计算时，应综合考虑基础地基刚度差异、混凝土收缩徐变、温度变化、地震产生的变形和应力等因素。

管节接头及节段接头防水、抗剪、抗震等构造总体布置应合理，且可施工性好，质量易得到保证，并便于检修维护。

6.1.3 最终接头形式应根据建设条件、施工能力及工期要求等确定。

6.2 管节接头

6.2.1 管节接头宜采用柔性接头，并设置防水措施及限位措施。

条文说明： 管节接头可分为柔性接头和刚性接头，主要包括防水构造、剪力键等。港珠澳大桥沉管隧道考虑管顶回淤厚度大、地基刚度差异大、水密性要求高等因素，采用柔性接头。

6.2.2 管节接头宜采用钢筋混凝土或钢结构剪力键作为水平向、竖向传力和限位措施，并应符合下列规定：

1 按传力方向不同，剪力键应设置竖向剪力键和水平向剪力键。

2 竖向剪力键宜成组设置于中隔墙或侧墙。

3 水平向剪力键宜设置在结构底板压重层范围。

4 剪力键受力面之间应设置弹性支座或弹性垫层。

5 钢筋混凝土剪力键结构验算应符合现行《混凝土结构设计规范》（GB 50010）的规定，钢剪力键结构验算应符合现行《钢结构设计标准》（GB 50017）的规定。

条文说明： 管节接头剪力键是管节结构主要传力构件，分竖向与水平向剪力键两种类型，需满足地震、温度、不均匀地基沉降、差异荷载作用下的变形及受力要求，可根据剪力分担、施工便利性等因素选用钢筋混凝土结构或钢结构。如果管节接头处地震位移较大时，可在接头内侧安装纵向抗震限位装置。竖向剪力键根据受力需要可在中隔墙及侧墙同时设置，水平向剪力键根据受力需要可在结构顶板增设。当管节沉放到位后，应及时监测接头位移量，根据监测情况确定剪力键安装时机。弹性支座或弹性垫层应有利于力的传递、适应不均匀沉降。

6.2.3 管节接头应设置外侧 GINA 止水带与内侧 OMEGA 止水带两道密封止水构造，并宜设置水密性检测装置。

条文说明： 管节接头的水密性是通过水力压缩 GINA 止水带实现的。在管节对接完成之后，OMEGA 止水带作为第二道止水措施被安装在管节接头内侧。港珠澳大桥沉管隧道管节接头防水构造如条文说明图 6-1 所示。根据各管节接头的水深条件，结合纵向静力计算和抗震计算结果，选用合适的止水带型号。

管节接头端钢壳可预埋水管作为 OMEGA 止水带检漏装置，具体如条文说明图 6-2 所示。具体检测方法为：通过控制预埋水管的开启和封闭,向 GINA 止水带和 OMEGA 止水带之间的空隙注满水,逐级加压,检查是否漏水。检漏工作结束,应将空隙内试验用水抽走。

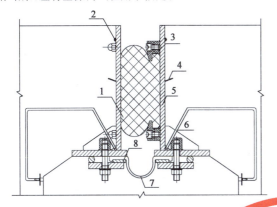

条文说明图 6-1　管节接头防水构造形式

1-GINA 止水带;2-遇水膨胀止水胶;3-压块;4-止水钢片;5-端钢壳;6-注浆导管;7-OMEGA 止水带;8-压条

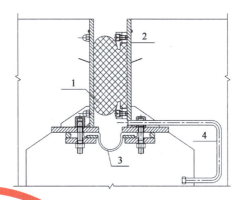

条文说明图 6-2　管节接头 OMEGA 止水带检漏装置

1-GINA 止水带;2-端钢壳;3-OMEGA 止水带;4-检漏水管

6.3　节段接头

6.3.1　节段接头应设置限位构造、纵向预应力及防水措施等。

条文说明:港珠澳大桥沉管隧道节段接头设置 2 组水平向剪力键、4 组垂直向剪力键、多道防水措施及纵向预应力等,其横断面构造布置如条文说明图 6-3 所示。

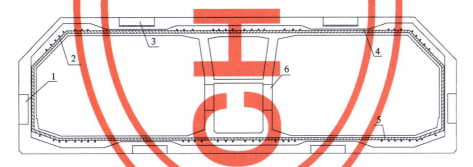

条文说明图 6-3　节段接头横断面构造布置

1-垂直向剪力键;2-预应力孔;3-水平向剪力键;4-可注浆中埋式止水带;5-OMEGA 止水带;6-垂直向剪力键

6.3.2　节段接头应采用可注浆中埋式止水带及内侧 OMEGA 止水带等两道及以上防水措施,并应设置水密性检测装置。

条文说明:一般情况下,节段接头防水体系中,可注浆中埋式止水带作为首道防水措施,OMEGA 止水带作为第二道防水措施,如条文说明图 6-4 所示。止水带除了耐久、可靠之外,还应"可检修、可维护、可更换"。可注浆中埋钢边止水带宜避免布置在受拉区,尤其避免布置在外侧受拉区;同时应考虑和 OMEGA 止水带之间预留足够的空间,满足可能的抗震缓冲功能等内置构造要求。节段接头端面预留槽孔应与 OMEGA 止水带吻合,不应出现受扭和影响压件固定等情况。港珠澳大桥沉管隧道节段接头设置 3 道防水构造,由外往内分别是外包喷涂型聚脲防水层、可注浆中埋式止水带和 OMEGA 止水带。

管节"入水"前,应对节段接头可注浆中埋式止水带及 OMEGA 止水带水密性进行检测,检测装置及检测方法同管节接头。

6.3.3　节段接头应满足浮运、沉放工况下接头处最小压应力要求,并应符合下列规定:

1 一般工作状态下,最小压应力应大于0.3MPa。

2 超出作业窗口的极限状态时,最小压应力应大于0。

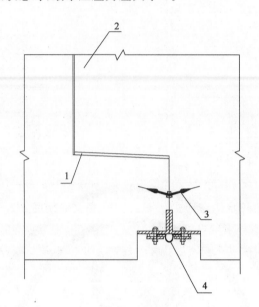

条文说明图 6-4 节段接头纵剖面构造(顶板水平向剪力键处)

1-剪力键槽;2-剪力键榫;3-中埋式钢边橡胶止水带;4-OMEGA 止水带

6.3.4 纵向预应力束应满足半刚性管节结构受力要求。节段接头在正常使用状态下应处于受压状态,在偶然工况组合下应满足节段接头变形量要求。

条文说明:节段式半刚性管节沉管隧道应设置纵向预应力束,且预应力束布置及其数量应满足结构安全要求。管节纵向预应力束在管节横断面上布置应避开剪力键,必须保证各节段接头端面压应力满足最小压应力和变形量满足要求,且尽量均匀布置在中埋止水带内侧,保证结构合理受力。

6.3.5 节段接头宜采用钢筋混凝土剪力键作为水平向、竖向传力和限位措施,并应符合下列规定:

1 按传力方向不同,剪力键应设置竖向剪力键和水平向剪力键。

2 竖向剪力键宜成组设置于中隔墙或侧墙。

3 水平向剪力键宜设置在顶板或底板。

4 剪力键受力面之间应设置弹性垫层。

5 节段接头剪力键榫槽应匹配,非受力面之间应设置隔离垫层。

条文说明:港珠澳大桥沉管隧道节段接头构造设计如条文说明图 6-5 所示。为减小剪力键受力,顶、底板和侧墙的剪力键应布置于节段横断面内力反弯点附近;中墙以承受竖向压力为主,为便于施工,中墙剪力键应布置在中墙靠下部位置。竖向剪力键根据受力需要可在中隔墙及侧墙同时设置,水平向剪力键根据受力需要可在结构顶板增设。根据施工方案和现场施工条件,剪力键应处于结构横断面内、外侧或中部位置,保证中墙、侧墙剪力键合理分担剪力,实现结构耐久可靠、施工便利、质量稳定。在满足节段接头其他构造要求的前提下,剪力键尺寸应使受剪面积尽量大。

综合考虑剪力键受力性能与变形协调性、耐久性、预制工艺、模板加工制造、辅助安装措施、工期、造价、技术成熟度、风险分析等因素,剪力键形式应按照如下优先顺序选用:钢筋混凝土、钢筋混凝土与钢销组合、钢销。钢销剪力键可作为节段接头承载能力额外补强措施,可在个别剪力较大节段的压重层中合理布置。

6.3.6 节段接头混凝土剪力键受力分析应考虑纵向弯曲与横向扭转组合作用。

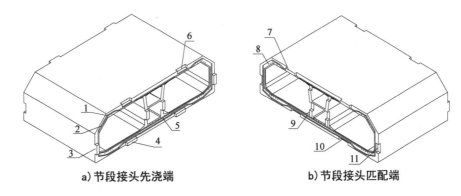

a) 节段接头先浇端　　　　　b) 节段接头匹配端

条文说明图 6-5　节段接头构造示意图

1-预应力管道；2-可注浆中埋式止水带；3-竖向剪力键榫（先浇）；4-水平向剪力键榫（先浇）；5-OMEGA 止水带安装槽（先浇）；6-水平向剪力键槽（先浇）；7-水平向剪力键榫（匹配）；8-预应力管道；9-OMEGA 止水带安装槽（匹配）；10-水平向剪力键槽（匹配）；11-竖向剪力键槽（匹配）

条文说明：纵向弯曲与横向扭转是节段接头剪力键的主要受力模式，尤其是地震工况下沉管隧道可能发生竖向振荡、水平蛇曲等变形。室内模型试验表明，纵向弯曲工况下起控制作用的是中墙剪力键，中墙剪力键的破坏为由压应力主导的端角受压破坏。横向扭转工况下起控制作用的是侧墙剪力键，侧墙剪力键的破坏为由相互垂直的拉压应力共同主导的破坏。

6.3.7　应合理确定节段接头中隔墙竖向剪力键和侧墙竖向剪力键之间的剪力分担比，剪力键尺寸应与接头结构设计尺度相匹配。

条文说明：节段接头竖向剪力键间的剪力分担比与横向地基刚度密切相关，隧道地基刚度的横向不均匀程度对侧墙剪力键受力的影响显著。

6.4　最终接头

6.4.1　最终接头设计应按照位置适当、结构安全、风险可控、经济合理的原则进行，实际构造尺寸宜依据施工期动态监测数据分析确定。

6.4.2　最终接头位置应结合施工总体筹划、浮运航道与隧道相对关系、水深及水流条件等确定。

条文说明：最终接头位置应根据建设条件、工期策划等选定。为便于潜水施工安全、止水可靠、风险最低，应尽可能选择水深浅、水流流向与流速基本稳定、泥沙含量少的区段实施。当条件允许时，应优先选用陆上干环境下预制，整体吊装安装的最终接头。国内外近年来研制出 V 形、楔形预制式最终接头并在工程中应用，如港珠澳大桥沉管隧道可逆式主动止水最终接头。

6.4.3　最终接头宜采用现浇钢筋混凝土刚性接头，长及特长隧道的最终接头可采用整体安装式最终接头。

条文说明：常规最终接头通常采用水下止水板法，其施工周期长且需要大量水下作业。港珠澳大桥沉管隧道最终接头所处工程地质条件和环境条件复杂，处于外海环境，受潮流中大、中、小潮变化、深槽紊流、东岛岛头绕流、冬季寒潮等复杂天气影响，使得很难找到满足潜水作业的连续长周期时间，潜水水下作业存在断断续续的风险，同时最终接头处于回淤强度高环境，最终接头如果长时间在水下施工则可能会带来超标的回淤，清淤作业将影响施工进度。因此，结合港珠澳大桥沉管隧道所处环境及工期要求，提出并研制完成可逆式主动止水最终接头，并实现一天内快速安装、毫米级精准对接。

6.4.4　整体安装式最终接头宜选用倒梯形结构，构造设计应根据位置、纵向长度及坡度，立面尺寸以及施工能力等因素确定。

条文说明：港珠澳大桥沉管隧道最终接头采用倒梯形钢壳混凝土组合结构，陆上工厂制造完成钢壳、钢壳内灌注高流动性混凝土形成组合结构。钢壳混凝土组合结构，是由外包钢板和内部混凝土组成的组合构造，以达到确保管节水密性的要求。同时，钢板也可以兼作混凝土浇筑的模板，大大方便了施工。结构除了内外面板，还设置有纵横交错的隔板，形成一个个隔舱。面板、纵横隔板均设有角钢或者扁钢等加劲钢材，以增强其力学性能，如条文说明图6-6所示。

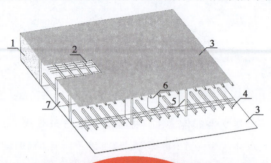

条文说明图 6-6　钢壳混凝土结构典型构造

1-混凝土；2-剪力钉(加筋角钢)；3-钢板；4-加筋肋；5-横向隔板；6-开口部；7-纵向隔板

最终接头倒梯形立面设计应考虑最终接头上、下面积差引起的水压差，立面的倾角应结合水压差等进行验算确定，港珠澳大桥沉管隧道最终接头立面构造如条文说明图6-7所示。

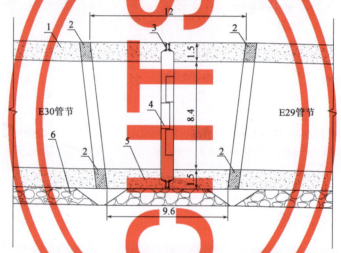

条文说明图 6-7　港珠澳大桥沉管隧道最终接头立面构造（尺寸单位：m）

1-管节顶板；2-刚固结端；3-GINA 止水带；4-剪力键；5-管节底板；6-碎石垫层

7 抗震设计

7.1 一般规定

7.1.1 抗震设防烈度为Ⅵ度及以上地区的沉管隧道，应进行抗震设计。

条文说明：沉管隧道在地震作用下一旦破坏将产生灾难性后果，且难于修复，因此，沉管隧道抗震设计至关重要，需要重点关注管节的弯剪受力、接头的张开变形和剪力键受力。

7.1.2 沉管隧道应采用隧道区的地震动参数，建立适宜的计算模型，进行抗震分析及验算。抗震验算内容应包括管节结构、接头及地基稳定性等。

条文说明：沉管隧道抗震分析包括纵向地震响应分析和横断面地震响应分析。横断面地震响应分析主要采用拟静力法和动力时程分析法。纵向地震响应分析一般采用动力反应分析法，计算模型包括质量—弹簧模型、精细化质量—弹簧模型、精细化三维有限元分析法、反应位移法及基于Winkler地基梁的频域分析方法。港珠澳大桥沉管隧道纵向地震响应分析采用了精细化质量—弹簧模型，如条文说明图7-1所示。

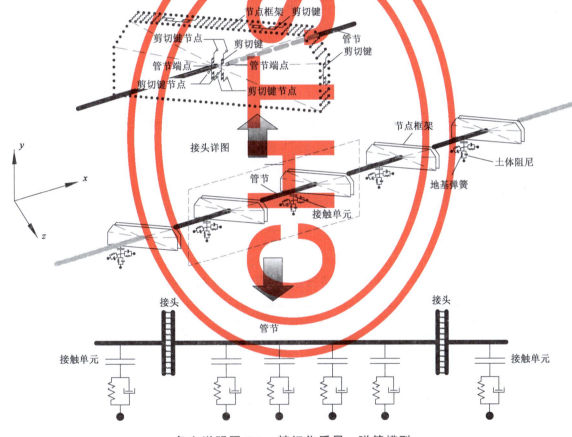

条文说明图 7-1 精细化质量—弹簧模型

7.1.3 沉管隧道纵向和横断面地震响应分析宜选用动力时程分析法。

条文说明：动力时程分析法是一种缜密的分析手段，主要用于深入分析结构地震响应，但其计算量较大，且对于模型处理较复杂。

7.1.4 沉管隧道抗震设防标准宜按表7.1.4确定。

表 7.1.4 沉管隧道抗震设防标准

工况	构件类别	结构性能要求	受力状态	地基及回填
ODE	主要构件	无损伤	保持弹性	不液化
MDE	沉管结构	无损伤	保持弹性	不液化
	剪力键、减震构件	局部损伤	局部塑性	
	止水带及其固定件	基本不受损伤	正常工作	

条文说明:港珠澳大桥沉管隧道设计按照ODE(运营设计地震,对应于E1设防标准,120年超越概率63%)、MDE(最大设计地震,对应于E2设防标准,120年超越概率10%)两种工况开展抗震分析,应使接头构造满足地震工况下抗剪能力、张合变形量和水密性要求,同时处理后的地基不得产生液化。

7.2 分析验算

7.2.1 运营设计地震ODE作用下,主要构件按表7.2.1的四种荷载工况下进行抗震分析与验算,组合系数应符合表7.2.1的规定。

表 7.2.1 ODE作用下不同荷载组合系数

编号	结构自重	回淤荷载	二期恒载	静水压力	侧墙负摩擦	徐变收缩	回填荷载	浮力	岛头荷载	交通荷载	整体升温	整体降温	航道作用影响	运营设计地震	梯度温度	备注
荷载工况1	1	1	1	1	1	1	1	1	1	0.4	1		1	1	0.8	全回淤
荷载工况2	1	1	1	1	1	1	1	1	1	0.4		1	1	1	0.8	
荷载工况3	1	0	1	1	1	1	1	1	1	0.4	1		1	1	0.8	无回淤
荷载工况4	1	0	1	1	1	1	1	1	1	0.4		1	1	1	0.8	

7.2.2 最大设计地震MDE作用下,主要构件、地基及回填按表7.2.2的四种荷载工况下进行抗震分析与验算,组合系数应符合表7.2.2的规定。

表 7.2.2 MDE作用下不同荷载组合系数

编号	结构自重	回淤荷载	二期恒载	静水压力	侧墙负摩擦	徐变收缩	回填荷载	浮力	岛头荷载	交通荷载	整体升温	整体降温	航道作用影响	最大设计地震	备注
验算工况1	1	1	1	1	0.85	0	1	1	1	0.5	0.8		1	1	全回淤
验算工况2	1	1	1	1	0.85	1	1	1	1	0.5		0.8	1	1	

表 7.2.2（续）

编号	结构自重	回淤荷载	二期恒载	静水压力	侧墙负摩擦	徐变收缩	回填荷载	浮力	岛头荷载	交通荷载	整体升温	整体降温	航道作用影响	最大设计地震	备注
验算工况 3	1	0	1	1	0.85	0	1	1	1	0.5	0.8		1	1	无回淤
验算工况 4	1	10	1	1	0.85	1	1	1	1	0.5		0.8	1	1	

7.2.3 地震作用计算应符合下列规定：

1 结构纵向和横向的水平地震作用分别计算。

2 计算竖向地震作用影响。

7.2.4 沉管隧道动力响应宜采用时程分析法，并符合下列规定：

1 水平方向设计基本地震动参数宜采用工程场地地震安全性评价的结果确定，场地地表竖向设计地震动峰值加速度取值应不小于水平向峰值加速度的 0.65 倍。

2 应采用土的动力参数进行土体刚度计算。动力参数主要由动弹性模量 E_d、动泊松比 μ_d 确定。动弹性模量 E_d 由下式确定：

$$E_d = 2G(1+\mu_d) \qquad (7.2.4\text{-}1)$$

$$G = \rho v^2 \qquad (7.2.4\text{-}2)$$

式中：μ_d——泊松比；

v——剪切波速；

ρ——土的密度。

3 地层弹簧横向土体刚度与地层分布及回填情况相关，只考虑受压特性，宜通过横断面分析得到。

4 地层弹簧竖向土体刚度与地层分布、基础类型相关，应采用全回淤工况下的地基反力系数，取值为该节点所分配的竖向荷载除以计算沉降值。竖向连接单元为仅能受压连接单元。

5 地层弹簧纵向土体刚度与地层分布、基础类型相关，应根据竖向荷载、结构与回填或基础垫层的摩擦特性确定。隧道结构表面的剪应力 τ 与隧道的水平位移 δ 的关系可按下式计算：

$$\frac{\tau}{\tau_f} = \frac{\delta}{\delta_f} + \left(\frac{\delta}{\delta_f}\right)^{1/3} - \left(\frac{\delta}{\delta_f}\right)^{4/3} \qquad \text{当 } 0 \leqslant \delta \leqslant \delta_f \qquad (7.2.4\text{-}3)$$

$$\tau = \tau_f \qquad \text{当 } \delta \geqslant \delta_f \qquad (7.2.4\text{-}4)$$

式中：τ_f——剪应力极限值，接触面正应力与摩擦系数 μ 的乘积；

δ_f——τ_f 出现时的水平位移。

6 应采用瑞丽阻尼整体考虑隧道结构的阻尼特性。

7 宜分别进行 ODE 及 MDE 地震作用下自由场地反应，确定出每个水准下各个土层的最大剪应变，以求得 ODE 及 MDE 地震水准下土层的阻尼比。

7.2.5 地基、基槽及回填抗震验算应符合下列规定：

1 应验算沉管隧道周围原状土层、底部垫层、回填覆盖层的抗震陷或抗液化等稳定性。

2 沉管隧道地基承载力、基槽及回填防护稳定性验算宜按现行《水运工程抗震设计规范》(JTS 146)的相关规定执行。

3 采用桩基础的沉管隧道应验算地震作用下桩基与沉管隧道间的相互作用。桩基础的水平及竖向承载力、水平位移等进行验算可按现行《建筑抗震设计规范》(GB 50011)与现行《建筑桩基技术规范》(JGJ 94)的相关规定执行。

7.2.6 沉管结构横断面抗震验算应符合下列规定：

1 验算典型断面应选取淤泥层厚度最大，淤泥层厚度最小，砂层顶面最高，砂层顶面最低、中间段等关键位置。

2 沉管结构—地层模型宜采用有限元法或有限差分法验算。

3 当采用二维有限元进行沉管隧道的整体动力计算时，单元划分尺寸可结合地震波的波长确定，隧道结构宜采用梁单元，地层应采用平面应变单元。

7.2.7 沉管隧道纵向抗震验算应符合下列规定：

1 应验算结构及剪力键内力、接头张开量及压缩量等。

2 应验算温度变化、地基不均匀沉降和地震力作用时接头最大张开量。

3 应验算 ODE、MDE 地震作用下，冬季降温工况及夏季升温工况下沉管隧道地震响应。

4 纵向动力分析时，应依照管节接头 GINA 止水带施工及运营期的最大、最小接头压力确定接头连接单元的力—变形特性。

条文说明： 目前，多数沉管隧道场地土的地震响应基于一维波传播理论，采用等效线性模型通过时—频转换来分析，如 SHAKE 程序。场地动力响应分析需要的动力学参数可通过原位测试和实验室动力测试获取。

5 根据有限自由度体系的结构动力学问题分析，将长及特长沉管隧道转化为多点激励地震响应分析的动力方程进行求解是可行的。需重点关注地震动激励方式、入射角度、海水动水压力对沉管隧道内力影响。

6 当接头剪力键设有垫层材料时，宜根据试验结果合理确定其刚度值。

7 地质条件复杂时，可建立隧道的整体结构—地基土模型进行三维动力有限元分析。

条文说明： 针对地震作用下沉管隧道地基土体的地震响应问题，考虑材料的非线性和不同实体接触面的非线性特性，建立全三维有限元模型，进行大规模沉管隧道地震三维非线性响应分析。计算表明，边界条件对动力有限元计算结果影响很大。

8 长及特长隧道宜采用多点非一致激励进行纵向分析，宜开展振动台物理模型试验进行验证。

条文说明： 地震工况下接头轴力和相对变形（位移）量是衡量接头安全程度的关键指标。不同的抗震分析方法可能会导致不同的地震响应计算结果，有时计算结果甚至相差数倍以上。港珠澳大桥沉管隧道为特长隧道，依托大比尺三维振动试验台开展了多点非一致激励下三维振动台模型试验。

7.3 抗震措施

7.3.1 结构和接头的抗震措施应符合下列规定：

1 沉管隧道墙板转角处抗震设计应进行构造加强。

2　管节接头不宜设置在纵向地层变化或荷载差异较大的地段。

3　抗震宜采用加大截面配筋率、增大钢筋直径、合理布置钢筋、改用钢剪力键、加大剪力键受剪面积、调整剪力键布置等措施。

7.3.2　液化地层应采用换填、桩基及其他地基处理方式，并应符合下列规定：

1　采用砂作为充填料的基础垫层时，应对砂样进行物理性质和抗液化强度的试验。

2　采用桩基时，应穿过可液化土层，并有足够的长度打入稳定地层。

3　采用挤密砂桩、高压旋喷桩等复合地基时，加固深度应处理至液化深度下界，并应对处理后土层进行标准贯入等原位试验验证。

4　打入桩应考虑施工对土的挤密及液化变形的影响。

5　结构回填不宜采用粉细砂和颗粒均一的中砂等易液化材料。

8 地基处理与基础设计

8.1 一般规定

8.1.1 地基处理与基础选型应按照天然地基优先、技术可行、风险可控、经济合理、施工便利的原则进行。

> 条文说明：沉管隧道的地基及基础设计首先应核定天然地基的承载力及沉降量，再结合上部荷载、纵向地质情况分段确定沉降控制要求，有针对性地选择地基及基础处理方式。

8.1.2 地基处理与基础设计应遵循管节总沉降量和差异沉降量双控的原则，并与管节结构协同设计，满足结构受力、地基承载力和稳定性的要求。

> 条文说明：基础与地基处理应以管节总沉降和基础的刚度变化范围或差异沉降为主要控制因素，土体允许的刚度变化范围通过隧道管节的容许内力和接头最大允许张开量要求分析确定。基础处理是为结构提供均匀的刚度或实现在不同区段之间刚度的平顺过渡。

8.1.3 地质条件复杂时，应开展多种试验或现场测试，通过相互验证获取地基处理与基础设计的相关参数。

> 条文说明：沉管隧道对沉降控制较为敏感，地层及环境条件复杂时，应开展多种试验对设计参数进行相互验证。港珠澳大桥沉管隧道除在勘察设计阶段开展原位试验、室内试验外，还在施工期开展了大量的现场试验，以获得相对准确的物理力学指标。

8.1.4 沉管段地基及基础刚度应满足结构安全及运营要求，并应与岛上段隧道地基及基础刚度相协调。

> 条文说明：沉管隧道是对地基沉降较敏感的水下条形构筑物，设计应遵循"结构与基础总体协调"的总体理念。沿纵向的敞开段、暗埋段及沉管段应综合考虑基础及地基处理方案，避免出现结构分段之间差异沉降量及总沉降量过大的情况，重点应处理好沉管顶部构筑物、回填或回淤等荷载过大的区段基础。

8.2 地基处理

8.2.1 地基处理方案应根据具体工程环境条件、施工设备成熟度、工艺稳定性、质量可靠性、经济合理性及风险可控性等因素分区分段确定。

> 条文说明：沉管隧道根据水文地质、工程地质、荷载、冲淤及管节结构形式等因素，结合岛上暗埋段、敞开段与沉管段的特点，纵向分段进行地基处理。管底基础处理可考虑换填、挤密砂桩（SCP）、塑料排水板固结法、混凝土预制桩（减沉桩、PHC管桩）、钢管桩、钻孔桩等及其组合方式。港珠澳大桥沉管隧道纵向自岛上段开始分别采用了降水联合堆载预压＋刚性桩复合地基、挤密砂桩＋堆载预压、挤密砂桩、天然地基及局部换填等方案，分布如条文说明图8-1所示。

8.2.2 不同种类地基处理的分界面不宜选择在荷载或地层分布等条件突变的位置。

8.2.3 水下换填适用于隧道基底软弱土层薄、换填料获取便利等条件，应符合下列规定：

1 可采用中粗砂或10～100kg块石，一次换填的厚度不宜大于2m。

2 应采用水下振夯的方式对换填层进行压实处理，设计振动控制参数应根据现场典型试验结果进行确定。

> 条文说明：港珠澳大桥沉管隧道局部段落采用了水下换填地基方案，单块石料质量为10～100kg，石料在水中浸透

后的强度不低于50MPa。抛填块石根据施工能力、潮位和波浪影响,分层和分段施工。块石层抛填后,采用振夯设备进行振动密实,夯沉量总体在10%左右。

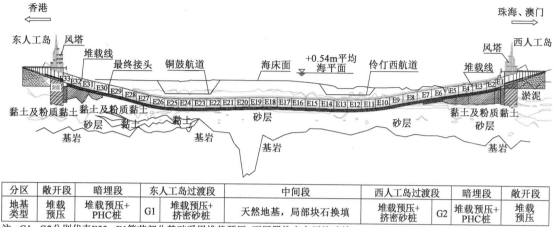

条文说明图8-1 港珠澳大桥沉管隧道地基处理纵断面布置

8.2.4 水下挤密砂桩适用于隧道基底软土层厚、沉降控制要求严格的条件,设计应符合现行《水下挤密砂桩设计与施工规程》(JTS 157)的相关规定。

条文说明:港珠澳大桥沉管隧道岛头过渡段根据纵向沉降计算确定采用了42%、55%、62%及70%四种不同置换率的挤密砂桩,桩径分别为1.5m、1.6m、1.6m和1.7m,并根据需要局部进行了堆载预压,缩短了软土的排水固结时间。在挤密砂桩加固实施中,对表层抗剪强度较低的淤泥土进行清除。

8.2.5 高压旋喷桩适用于场地条件受限的较软弱土层,设计应符合现行《复合地基技术规范》(GB/T 50783)的相关规定。

条文说明:港珠澳大桥沉管隧道在岛壁大圆筒附近采用高压旋喷桩复合地基的方案,高压旋喷桩桩径1.0m,桩间距1.5m和1.7m,正三角形布置,桩底高程-36.0~-34.5m,置换率分别为40.3%和31.4%,28d平均无侧限抗压强度不小于1.5MPa。

8.2.6 排水固结地基处理适用于深厚软土地层,可根据实际情况同时采用堆载预压措施,设计应符合现行《水运工程地基设计规范》(JTS 147)的相关规定。

条文说明:港珠澳大桥沉管隧道岛上段地基处理采用塑料排水板联合堆载预压方案,岛头过渡段采用挤密砂桩联合堆载预压方案,满载预压3个月,根据监测,当沉降固结度达到90%时开挖卸载。

8.3 桩基础

8.3.1 隧道支撑桩基础适用于上覆荷载大、基底处于可能液化或震陷土层,以及回淤特别严重的条件,设计应符合现行《码头结构桩基规范》(JTS 167)及《公路桥涵地基与基础设计规范》(JTG 3363)的相关规定。

8.3.2 混凝土预制桩或钢管桩应通过现场试桩获得桩基的打入性及承载力指标。

8.3.3 海水环境下桩基设计应满足耐久性要求,钢管桩设计时应计入腐蚀厚度。

8.3.4 桩与隧道结构的支撑连接可采用桩帽、后注浆囊袋、柔性垫层等方式,应与桩基作为整体进行设计。

条文说明:当沉管基底处于深厚软土如淤泥质黏土层、粉土或可能液化或震陷的粉细砂层,或者施工期基槽回淤速率大于10mm/d时,根据已建沉管隧道使用经验,沉管基础应采用支撑钢管桩或预制管桩。

当沉管采用桩基且出现大边载作用时,隧道两侧可设置隔离桩。隔离桩长度宜大于两侧大边载作用的影响深度,桩端应位于性状较好的土层。研究认为,8倍桩径是隔离桩桩间距的上限值,当桩间距达到8倍桩径时,隔离效果不明显。

8.4 基础垫层

8.4.1 沉管基础垫层应根据管节类型、施工工艺条件、抗震要求、造价、风险等因素确定。

条文说明:从沉管隧道基础垫层设计的发展来看,按处理方法可分为先铺法和后填法两大类。先铺法以刮铺碎石为主,后填法有喷砂、砂流、注浆之分。基础垫层设计应根据管节类型、施工工艺条件、抗震、地震液化、造价、风险等因素进行综合比选,先铺法是在管节沉放连接后能快速形成保护和管节的稳定,管节沉放前,与隧道接触的垫层顶面可以进行可视化检查,后填法是在管节沉放后施工,垫层厚度及高程容易控制。港珠澳大桥沉管隧道在国内首次采用先铺碎石垫层法,我国目前已建的其他绝大多数沉管隧道均采用后填法。

8.4.2 先铺碎石垫层应选用级配碎石材料,粒径、级配以及垫层模量等参数值应依据试验确定。

条文说明:港珠澳大桥沉管隧道的碎石垫层要求石料的饱和单轴抗压强度不低于50MPa,碎石级配应满足条文说明表8-1要求。

条文说明表8-1 碎石级配

筛分粒径(mm)	筛分通过率(干重,%)
63	100
31.5	25～35
2.36	<8

8.4.3 先铺碎石垫层厚度依据基底地质及开挖精度大小可取0.6～2.0m,并应设置成垄沟相间的形式,垄沟尺寸应结合管节尺寸、施工装备等条件综合确定。如图8.4.3所示。

图8.4.3 沉管隧道基础碎石垫层构造示意图
1-碎石垄;2-碎石沟

条文说明:管节铺设垫层的主要功能是充填管节底部与地基间的空隙,保证上部荷载均匀传递到下部地基。先铺法碎石垫层采用垄沟相间的形式,可有效避免由于受力集中而导致结构的局部破坏,同时可以适量收纳淤泥。当基槽底开挖精度高且基底岩土质量较好时,碎石垫层厚度可取小值,反之,应取大值。垄沟尺寸可结合管节尺寸、施工装备等条件综合确定。港珠澳大桥沉管隧道设计采用的先铺碎石垫层垄宽为1.8m,沟宽为1.05m,碎石垄的厚度为1.3m。

8.4.4 根据沉降控制需要可设置块石夯平底基层与碎石垫层形成隧道组合基床,组合基床的块石可采用10～100kg块石。

条文说明:港珠澳大桥沉管隧道碎石垫层采用无污染、耐挤压、级配良好、无侧限饱和抗压强度50MPa的微风化花岗岩碎石,其厚度和刚度通过试验确定。碎石垫层铺设完成后应尽快完成管节安装。港珠澳沉管隧道部分区段采用了碎石垫层＋块石夯平层的组合基床方案,块石规格采用10～100kg。

8.4.5 先铺碎石垫层应设置预抬量,预抬量值应根据隧道管节工后预测沉降值、内净空限界高度富余量等确定,并根据隧道实测沉降进行修正。

8.5 地基基础计算

8.5.1 应根据荷载、结构及基础条件等进行地基承载力验算,并符合现行《建筑地基基础设计规范》(GB 50007)及《建筑桩基技术规范》(JGJ 94)的相关规定。

8.5.2 应通过隧道结构计算提出合适的差异沉降控制指标,无计算数值时,节段式管节可按式(8.5.2)计算管节纵向单位长度差异沉降的允许值。

$$[\Delta] = \frac{6Qk\delta^2(1+\lambda+\lambda^2)\cdot\kappa}{[\bar{k}\delta L(1+\lambda+\lambda^2)\cdot\kappa - 6Q][\bar{k}\delta L(1+\lambda+\lambda^2)\cdot\kappa + 6Q]} \tag{8.5.2}$$

式中:$[\Delta]$——管节纵向单位长度差异沉降的允许值(m);

λ——分布模式变化因子:地基刚度变化为直线形分布时,$\lambda=0$;地基刚度变化在接头两侧为突变形分布时,$\lambda=1$;地基刚度变化为正弦形分布时,$1+\lambda+\lambda^2=6/\pi$;

$\bar{k}$——管节范围内平均地基刚度(kN/m);

δ——平均沉降值(m);

L——管节长度(m);

Q——接头剪力键的容许剪力值(kN);

κ——面积形心因子,$\kappa=0.65\sim0.77$。

条文说明:应通过对隧道结构体系进行整体分析,结合结构及接头响应提出合适的隧道沉降控制指标。差异沉降公式适用于节段式预制的管节,接头仅考虑地基刚度变化条件下的公式推导。分析中的一些基本假定包括:

(1) 由于沉管隧道的纵向长度远大于其宽度,因此暂不考虑横向地基刚度差异对接头剪力的影响。

(2) 考虑$[-L_0,L_0]$范围内纵向荷载按照直线形、正弦形或者突变形几种变化形式。

(3) 接头容许剪力值包括由于地基刚度变化及荷载变化两部分荷载引起的剪力,未包括温度梯度变化等其他因素所产生的剪力。

零点长度指接头剪力的荷载影响线上距考察断面最近的数值零点到考察断面的水平距离,如条文说明图8-2所示。地基刚度变化模式如条文说明图8-3所示。

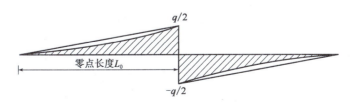

条文说明图8-2 面积形心等效因子计算示意

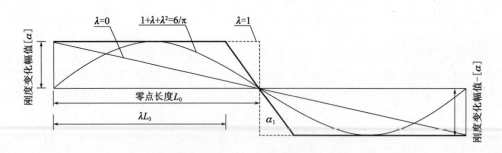

条文说明图 8-3　地基刚度变化模式

8.5.3　沉管隧道天然地基的总沉降量应包括碎石垫层压缩量、地基土层回弹再压缩主固结沉降量及运营期的次固结沉降量,可按式(8.5.3)计算：

$$S = S_c + S_r + S_s \tag{8.5.3}$$

式中：S——基础总沉降量(m)；

S_c——碎石垫层压缩量(m)；

S_r——地基土层回弹再压缩沉降量(m),对黏性土需根据前期固结压力与附加有效应力大小,确定选用合适的沉降量计算参数；

S_s——地基土层的次固结沉降量(m)。

8.5.4　复合地基沉降计算应考虑土体前期固结压力、水下深槽开挖卸载再加载的效应以及基槽回淤对沉降的影响,并验证正常使用极限状态下沉管隧道基础差异沉降在隧道结构或接头的容许值范围内。

9 基槽与回填防护设计

9.1 一般规定

9.1.1 基槽的平面布置、尺寸、高程等应满足隧道总体设计的要求。

9.1.2 应根据基槽深度及地层地质条件进行水下边坡设计,宜通过现场试挖槽获取必要的设计参数。

9.1.3 管节回填防护设计应满足抗浮、抗侧移、防冲刷、防抛锚与拖锚、防船撞及环境保护等要求。

9.1.4 管顶高出海床面时,应在一定范围内设置水下护坦等防护措施,并应进行专项研究。

条文说明:施工期开挖的基槽应满足隧道浮运、沉放安装及基础施工的基本要求。港珠澳大桥沉管隧道基槽在运营期内仍将存在,故其基槽边坡稳定性是设计考虑的重要内容之一,计算分析时应考虑波流的作用力,对复杂地质条件下的深水、深槽应开展针对性的试挖槽试验及观测,以获取隧道区水域成槽的经验。开挖的弃土处理一般外抛至指定的、合规的海洋倾倒区,如能作为合规填料与堤岸或筑岛等建设相配合,将可取得更好的经济效益。

为防止迷航、失航船舶撞击或紊乱的海流冲刷等给沉管隧道安全运营带来隐患,应对隧道顶部一定范围内进行回填防护设计。对两侧露出海床段隧道结构应根据防撞的功能需要,设置较大范围的护坦、潜坝等水下防护区,以保障隧道运营期安全。

9.2 基槽

9.2.1 基槽平面、纵面设计应满足以下要求:

1 平面轴线、纵面应与沉管隧道的平纵面设计相协调。

2 应考虑管节系泊沉放时的锚系及船机设备布置。

条文说明:基槽平纵面设计应与隧道总体平纵面设计相协调,对于实施不同基础类型的区段,应结合高程与坡率的变化酌情进行调整。

9.2.2 基槽设计底宽可按式(9.2.2)计算:

$$B = B_t + 2b + T \tag{9.2.2}$$

式中:B——基槽设计底宽(m);

B_t——管节最大底宽(m);

b——管节一侧预留富余量(m);

T——施工误差(m),取值与施工条件、设备有关。

条文说明:基槽底宽由管节宽度、预留宽度以及施工误差组成。预留宽度根据管节基础垫层处理方法、基础、纠偏设备的预留空间要求,一般取为1.5~2.0m。施工误差视气象、水文及地质、施工设备等条件进行取值,一般不宜欠挖。

9.2.3 采用先铺法基础垫层处理时,基槽设计深度可按式(9.2.3)计算:

$$H = h_d + h_c \tag{9.2.3}$$

式中:H——基槽设计深度(m);

h_d——沉管结构底面深度(m);

h_c——基础垫层厚度(m)。

条文说明:基槽深度应根据纵断面设计高程、路面与压重层、管节底板厚度、垫层及竖向开挖精度综合确定,其中依据路面设计高程、路面及压重层厚度、管节底板厚度可确定出隧道结构底板高程或深度,基槽设计应以沉管管节接头处高程作为控制高程。采用桩基础时,可根据沉管结构底面深度、桩顶及桩周边预留高度综合确定基槽开挖深度。

9.2.4 基槽边坡设计应按下列规定:

1 宜通过基槽边坡稳定性分析及工程类比并结合试挖槽试验情况综合拟定边坡坡率。

2 应进行水流、波浪等作用下的稳定性验算。

3 应考虑基槽开挖设备类型、施工方法及施工工艺要求等因素。

4 毗邻人工岛的隧道基槽应结合人工岛开挖及岛壁结构进行设计,边坡平顺过渡。

5 现场无试挖槽试验数据时,水下基槽边坡坡率可参照表9.2.4选取。

表9.2.4 典型地层的水下基槽边坡坡率参考值

序号	岩土性质	边坡坡率	备注
1	淤泥、淤泥质黏土	1:5~1:10	表层流动性强的浮泥应予以挖除
2	沉积黏土、粉质黏土	1:2~1:6	基槽较深时,需分级设计坡率
3	砂、砂质土及砾石土	1:1~1:5	视砂层密实程度、性质、粒径而调整
4	花岗岩、砂岩等风化基岩	1:0.2~1:1	需水下爆破,且考虑浮运空间

条文说明:基槽坡率的大小直接关系到沉管隧道的工程量和造价。经济合理的做法是施工之前在隧道区开展试挖槽试验,获取真实可靠的水下基槽坡率,对基槽设计具有很强指导价值。迄今为止,世界上已建沉管隧道基槽坡率从1:1到1:7均有应用,变化范围较大。表9.2.4所列为国内外部分沉管隧道的基槽边坡坡率,供参考选用。

基槽坡率应根据现场土质条件及相关工程经验,结合国内外水下沉管隧道的边坡坡率、隧道区的地质条件,自下而上选用不同的坡率组合,视边坡厚度、土质等工况及施工条件,坡率一般取1~2级,最多不宜超过3级。根据传统陆上边坡经验,每两级边坡间设置一定宽度的开挖平台,但由于水底基槽的施工条件及设备与陆上有明显不同,尤其抓斗式挖泥船形成的边坡坡面呈阶梯状,自身具有较强的纳淤、容淤能力。因此,水下基槽多级边坡的变坡平台可根据具体情况确定。

9.2.5 基槽边坡稳定性分析应符合下列规定:

1 宜采用考虑浮力效应的极限平衡法与有限元强度折减法进行计算。边坡稳定性安全系数可取1.3~1.5。

2 应结合施工期和运营期工况特点合理选取计算所需的地层参数,施工期土层参数宜采用十字板剪切试验指标,运营期工况可采用固结不排水剪切试验指标。

3 海洋环境下,应考虑波浪、地震、沉船、台风、边坡上淤积物等荷载作用对基槽边坡稳定性的影响。

4 可用地震系数法或动力时程分析法对运营期基槽边坡的地震稳定性进行分析。

条文说明:水下基槽边坡通常处于全饱和状态,物理力学指标值均需按饱水及浮态考虑。同时,长时间晾槽应考虑不利波流条件的偶然作用。边坡稳定性计算中Morgenstern-Price是常用的推荐方法,Bishop法简单、计算准确,Janbu法计算精度高,但有时不收敛。这三种方法的计算误差不大。

根据英标BS6349-1:2000海工结构规范,正常使用情况下,边坡稳定性安全系数可取1.3~1.4。考虑到边坡失稳对隧道结构的影响,偏安全设计,水下边坡稳定性安全系数可取1.5。在波浪、地震等偶然荷载作用时的基槽边坡稳定性安全系数可取1.1~1.3。

9.3 回填防护

9.3.1 回填防护可分为锁定回填、一般回填及护面层回填三部分，按图9.3.1设置。

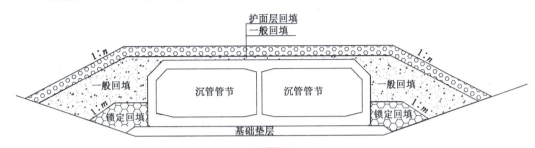

图9.3.1 沉管隧道回填防护示意图

条文说明：为保证沉管隧道运营期抗浮稳定以及降低锚击、船撞等风险，应设置专门的回填防护层，根据工序及功能可分为锁定回填、一般回填及护面层回填三个部分。

锁定回填为施工阶段的管节稳定提供支撑，应分2～3层铺设在管节两侧，第一层回填高度至少为3.5～4m，条件较好情况下可局部锁定（点锁）。为便于后续管节安装，回填应注意与已沉管节尾端保持15～20m以上的安全距离。一般回填可选用海砂与碎石，根据地材选用的便利性等确定，通常位于锁定回填与护面回填之间。护面层布置在管节顶部，一般选择较大粒径的块石或片石，石料饱和单轴抗压强度不应低于30MPa。为减少水流、波流对管节及防护层稳定性的不利影响，可采用扭工字块、扭王字块及四脚块体等人工块体作为护面层。

9.3.2 回填防护设计应符合下列规定：

1 沉管回填结构和材料设计应考虑波浪、潮汐、回淤和冲刷等因素，并满足管节抗浮、抗冲刷、防锚冲击、限制侧移等功能要求。

2 回填料的材质与粒径选用宜遵循"取材便利、级配合理、可靠耐用"的原则。

3 锁定回填应选用透水性好的粗砂、砾石，锁定回填厚度应结合水文条件和管节施工期临时稳定性确定，并符合式（9.3.2）的要求。

$$f_d - P_p > P_s + C \tag{9.3.2}$$

式中：f_d——隧道管节底面的摩擦力（kN/m）；

P_p——锁定回填较少侧的被动土压力（kN/m）；

P_s——锁定回填较多侧的静止土压力（kN/m）；

C——隧道管节侧面的水流力（kN/m）。

4 一般回填位于锁定回填与护面层回填之间，宜选用透水性好的中粗砂、碎石。

条文说明：一般情况下，一般回填高度高于沉管顶，防止护面层块石回填施工损坏沉管结构。

5 管节护面层厚度及材料宜根据海床冲刷稳定性、防拖锚、防抛锚及管节抗浮等确定，护面层宽度宜向管节两侧轮廓线外延伸不少于2m。

条文说明：管节沉放完成后尽快对已就位的管节在基础两侧及顶部进行逐段回填处理，回填顺序、材料、范围、厚度、坡度等均应满足设计要求。管节侧面及顶部回填应分层、对称、均匀进行，施工过程中两侧回填高差不超过2m，防止管节因两侧受力不均而产生水平横向偏移，抛填完成后，应及时理坡并覆盖垫层块石。一般回填暴露长度宜控制在30～50m。

6 回填防护的混凝土和钢筋混凝土构件应符合现行《港口工程混凝土结构设计规范》（JTS 151）的相关规定。

条文说明：回填结构应依据冲刷试验或数值模拟结果进行设计，满足抗冲刷、拖锚等要求，回填材料要求性能稳定、不液化、便于施工，应特别重视回填施工期的管节稳定性，避免发生横向侧移。护面层采用大粒径石料，厚度根据抗浮及防护要求确定，港珠澳大桥沉管隧道中间段护面层厚度设计值为2.0m。

9.3.3 回填防护计算分析应符合下列规定：

1 应根据沉管隧道不同区域分别进行回填块石稳定性计算。护面层块石稳定所需粒径可按式 (9.3.3)计算，根据稳定所需粒径大小，结合防护用石料的密度可计算得出块石稳定重量。

$$D = \frac{U_x^2 + U_{fw}^2}{A \cdot g \cdot \psi} \quad (9.3.3)$$

式中：D ——护面块石粒径(m)；

ψ ——防护参数，可取 0.04；

A ——块石相对密度；

g ——重力加速度(m/s^2)；

U_x ——水流剪切流速(m/s)；

U_{fw} ——波浪剪切流速(m/s)。

2 应采用最大海水重度、最小管节重量及最小管顶回填对管节抗浮安全系数进行计算，管节最小抗浮安全系数应不低于1.15。

条文说明：根据通航、浮运时干舷调节需求，可在管节顶面覆设一层混凝土保护层作为防锚层或压重层，起到调节干舷和压重的双重作用，厚度宜为100～300mm。

9.4 水下护坦

9.4.1 当管顶露出海床时，应设置水下护坦等进行防撞、防冲刷保护。

9.4.2 水下护坦设计应符合下列规定：

1 护坦的纵向范围以沉管顶部回填防护层没入海床面位置为终点；护坦的横向宽度应结合防撞护坦设置高度，通过防撞计算分析和波浪断面物模试验确定。

2 锁定回填材料与中间一般段粒径一致，锁定回填顶面宽度不宜小于10m，高度宜与沉管结构侧向竖墙顶部齐平。

3 一般回填高度宜与沉管结构顶部齐平，回填材料可采用10～100kg块石。

4 护面层结构和区段划分结合各区段岛头防撞分析和波浪物模试验结果确定。

条文说明：沉管隧道在管顶高出海床时，应采取有效、可靠的工程措施防止失控船舶等撞击或海床冲刷淘蚀，通常做法是设置水下护坦，护坦设计应综合考虑水面航行的船舶安全、隧道结构安全等因素。荷兰Deas隧道、上海外环隧道、韩国釜山沉管隧道、土耳其Bosphorus隧道等采取水下堆护坡、铰接的钢筋混凝土板、网兜法抛石、水下混凝土浇筑等防护措施。块石保护层为结构防护的最外层，其两侧应使拖锚顺利抬升至管顶上部，锚爪不得影响到管节结构。块石保护层下方应设置反滤层，一方面可使落锚等荷载均匀分布于保护层，避免集中力作用，另一方面阻止靠近隧道的回填料透过块石层发生冲蚀而流失。

10 防水设计

10.1 一般规定

10.1.1 沉管隧道防水应按"结构自防水为主,外防水为辅,接头防水为重点"的原则设计。

10.1.2 沉管隧道应根据隧道使用功能、使用要求、结构形式、环境条件、施工条件、材料性能等,针对管节结构防水、接头防水、施工缝防水、最终接头防水等进行综合防水设计。

10.2 结构防水

10.2.1 沉管隧道主体结构混凝土抗渗等级应根据隧道运营期最大水深确定,并应符合现行《地下工程防水技术规范》(GB 50108)的相关规定。

条文说明:港珠澳大桥隧道主体结构防水等级为一级,沉管段隧道主体结构混凝土抗渗等级不小于P12,敞开段及暗埋段隧道主体结构混凝土抗渗等级不小于P10。

10.2.2 工厂法制作的节段式管节结构防水宜采用混凝土自防水、可不设置全外包防水层,管节预制完成后应进行试漏检测。整体式管节结构宜设置全外包防水层。

条文说明:整体式管节结构采用底钢板作为管节底部外包防水时,钢板应沿侧墙上翻至适当高度,与侧墙及管顶的防水卷材或涂料、两侧端钢壳连接,形成完整防水体系;钢板厚度、材质等应结合防腐需求确定,并选择防腐涂层或牺牲阳极等保护措施。管节侧墙与顶板可采用喷涂型聚脲、聚氨酯、渗透环氧、聚合物水泥等涂料或防水卷材。不同材质防水层的搭接、管节结构与预埋钢构件交界部位等应进行防水加强处理。

港珠澳大桥沉管隧道采用工厂法制作的节段式管节结构,仅在管节接头处设置喷涂型聚脲防水涂料。喷涂型聚脲防水涂料及与其配套使用的底涂料、涂料修补材料、层间处理剂等技术性能指标应符合现行《喷涂聚脲防水工程技术规程》(JGJ/T 200)的相关要求。

10.2.3 管节主体结构自防水混凝土配合比宜通过试验确定最佳配比参数,控制混凝土结构裂缝。

条文说明:港珠澳大桥沉管隧道采用节段式管节,管节主体结构采用自防水混凝土。

10.3 接头防水

10.3.1 管节接头应采用GINA止水带与OMEGA止水带构成双道防水,应满足水密性、耐久性、适应变形等要求。

10.3.2 节段接头应设置可注浆中埋式止水带、OMEGA止水带等不少于两道的防水措施。

条文说明:港珠澳大桥沉管隧道节段接头采用可注浆中埋式止水带、OMEGA止水带、喷涂型聚脲防水涂料等多道防水措施,其中聚脲防水涂料兼具防水及堵漏泥沙双重作用,如条文说明图10-1所示。

10.3.3 GINA止水带选型及紧固件设计应符合下列规定:

1 应根据各接头位置所处的最大与最小水深、可能产生的最大变位量、管节横断面面积及抗震设防等级,确定GINA止水带断面构造形式、断面尺寸和变形特性等。

2 应根据温度变化、差异沉降、地震工况等发生的变形量,施工安装误差以及GINA止水带长期松弛等因素,校核GINA止水带水密性的最小压缩量。

3 GINA止水带的胶料应满足硬度、强度、伸长率及热老化性等物理性能指标的要求。

4 GINA止水带使用寿命不应小于主体结构设计使用年限。

5 GINA止水带固定宜采用卡箍或穿孔方式,螺栓和压件等应采取耐久性保护措施。

条文说明:GINA止水带选型的决定因素是相应水压条件下的最小水密压缩量,管节对接后靠水压得到的初始压缩量减去由于温度下降、混凝土收缩、不均匀沉降、地震位移、施工偏差等造成的最大接头张开量后得到的最不利压缩量,应大于相应水压条件下所需的最小水密压缩量并留有一定富余。同时,最小水密压缩量还应考虑止水带橡胶产品在设计使用年限中的应力松弛等因素。

港珠澳大桥沉管隧道GINA止水带水密性计算安全系数在正常使用状态下应不小于1.75,偶然工况下应不小于1.25。

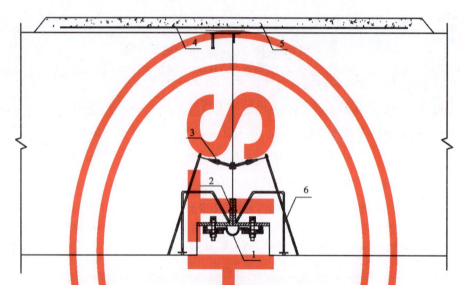

条文说明图10-1 节段接头防水构造示例图

1-OMEGA止水带;2-丁腈软木橡胶板;3-中埋式钢边橡胶止水带;4-喷涂型聚脲防水涂料;5-细石混凝土保护层;6-注浆导管

10.3.4 OMEGA止水带选型及紧固件设计应符合下列规定:

1 应根据接头可能承受的水压值、产生的三向位移量等要求进行OMEGA止水带选型及断面尺寸确定。

2 OMEGA止水带的胶料应满足硬度、强度、伸长率及热老化性等物理性能指标的要求。

3 OMEGA止水带安装后,应进行检漏测试,检漏压力应按可能作用的最大水头压力的1.2倍,OMEGA止水带接头张开量可根据标定的张开量与水压关系曲线,结合水头压力计算。

4 OMEGA止水带的金属紧固件等应采取防腐蚀措施。

条文说明:OMEGA止水带及其紧固装置应在管节安装完成后进行现场水密性测试,所施加的检漏水压力应与该接头处的水压力相匹配。根据经验,检漏水压可按接头底面最大水压加5m的水头压力或以底板处最大水压乘以测试系数1.2。

港珠澳大桥沉管隧道OMEGA止水带选型考虑了OMEGA止水带自身刚度容差、紧固系统安装误差、可能发生的接头转动,要求OMEGA止水带紧固接触面压力安全系数、抗裂强度安全系数、紧固强度安全系数在正常使用状态下应不小于1.75,偶然工况下应不小于1.25。

港珠澳大桥沉管隧道GINA止水带与OMEGA止水带构造如条文说明图10-2所示。

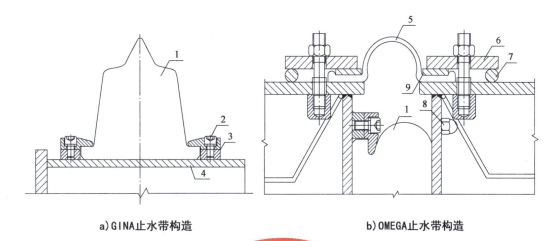

a) GINA止水带构造 　　　　　b) OMEGA止水带构造

条文说明图 10-2　止水带构造示例图

1-GINA 止水带；2-内六角圆柱头螺钉；3-压块；4-端钢壳；5-OMEGA 止水带；6-压板；7-圆钢；8-定位预埋螺母；9-压条

10.3.5 节段接头可注浆中埋止水带选型应符合下列规定：

1 应结合节段接头最大水压、温度变化、差异沉降、地震工况等发生的位移量及施工允许偏差等进行选型。

2 应满足设计使用年限内水密性与耐久性的要求。

条文说明：可注浆中埋止水带的中间部位为橡胶，两侧为金属条。金属条上附着海绵，注入的树脂等浆液可沿着金属条进入混凝土中的空洞或裂缝，实现灌浆密实、防水的功能。一般在干坞完成管节预制后，根据检查情况，通过预留的注浆管可实施注浆，直到满足设计要求为止。

港珠澳大桥沉管隧道节段接头选用的可注浆中埋止水带如条文说明图 10-3 所示，其撕裂强度安全系数在正常使用极限状态下应不小于 1.75，偶然工况下应不小于 1.25。

条文说明图 10-3　中埋式止水带构造示例图

1-橡胶；2-金属条

11 耐久性设计

11.1 一般规定

11.1.1 沉管隧道结构和构件应根据设计使用年限、环境类别及其作用等级进行耐久性设计。

条文说明：沉管隧道结构及构件的耐久性设计是考虑结构及构件在使用环境中性能蜕化条件下满足设计使用年限预期性能的设计，包含环境作用分析、应对措施、施工、运营期维护保养及监测评估等。

港珠澳大桥沉管隧道参考了现行《混凝土结构耐久性设计标准》(GB 50476)及香港相关规范，结合工程实际条件，基本环境类别划分和作用等级规定分别如条文说明表11-1和条文说明表11-2所示。

条文说明表11-1 环境类别

环境类别	名 称	腐蚀机理
Ⅰ	一般环境	保护层混凝土碳化引起钢筋锈蚀
Ⅱ	冻融环境	反复冻融导致混凝土损伤
Ⅲ	海洋氯化物环境	氯盐侵入混凝土内部引起钢筋锈蚀
Ⅳ	除冰盐等其他氯化物环境	氯盐侵入混凝土内部引起钢筋锈蚀
Ⅴ	化学腐蚀环境	硫酸盐等化学物质对混凝土的腐蚀

注：本章提到的环境类别划分与本表内容相同。

条文说明表11-2 环境作用等级

环境类别	环境作用等级					
	A 轻微	B 轻度	C 中度	D 严重	E 非常严重	F 极端严重
一般环境	Ⅰ-A	Ⅰ-B	Ⅰ-C	—	—	—
冻融环境	—	—	Ⅱ-C	Ⅱ-D	Ⅱ-E	—
海洋氯化物环境	—	—	Ⅲ-C	Ⅲ-D	Ⅲ-E	Ⅲ-F
除冰盐等其他氯化物环境	—	—	Ⅳ-C	Ⅳ-D	Ⅳ-E	—
化学腐蚀环境	—	—	Ⅴ-C	Ⅴ-D	Ⅴ-E	—

注：本章提到的基本环境作用等级与本表内容相同。

11.1.2 隧道结构所采用的各类材料应与使用环境相适应，可结合结构重要性、可维修性以及环境作用等级对重要构件采取必要的防腐措施。

条文说明：即使隧道结构选用了与所处环境类型相适应的结构材料，隧道结构的性能仍然会随其服役时间的延续而退化。因此，除合理的结构耐久性设计外，还需要根据结构的重要性、可维修性以及环境作用等级，有针对地采取附加保护措施。适时依据结构健康监测结果，对主体结构或构件进行耐久性状态评估，依据评估结果进行耐久性再设计。

11.1.3 主体结构及可更换构件应满足设计使用年限。

条文说明：结构的设计使用年限确定不仅是技术问题，还与经济性相关。一般地，结构在使用期间受到的荷载水平与其设计使用年限有关，预期使用年限越长则荷载水平会提高；给定荷载水平或设计使用年限的条件下，结构的实际使用年限就与结构耐久性相关，尤其是投资巨大的基础设施，若预期使用年限太低，则经济性不合理。按我国现行标准规定，沉管隧道主体结构设计使用年限为100年。

港珠澳大桥沉管隧道主体结构设计使用年限为120年,可更换的隧道附属结构或构件,如钢构件防腐涂层设计使用年限不少于15~20年,防火板及其固定龙骨设计使用年限不少于20~25年。各工程构件对应的控制环境作用等级、耐久性设计使用年限如条文说明表11-3所示。

条文说明表11-3 港珠澳大桥沉管隧道结构构件设计使用年限表

序号	构件	设计使用年限(年)	控制环境作用等级
1	隧道结构(迎水侧)	120	Ⅲ-E
2	隧道结构(背水侧)	120	Ⅲ-D
3	管节接头混凝土剪力键	120	Ⅲ-D
4	节段接头混凝土剪力键	120	Ⅲ-E
5	中管廊排烟道混凝土隔板	120	Ⅲ-D
6	中埋式可注浆止水带	120	Ⅲ-E
7	GINA止水带	120	Ⅲ-E
8	OMEGA止水带	120	Ⅲ-E
9	迎水侧永久钢结构	120	Ⅲ-E
10	背水侧永久钢结构	120	Ⅲ-D
11	迎水侧临时钢结构	10	Ⅲ-E
12	背水侧临时钢结构	10	Ⅲ-D
13	压舱混凝土	120	Ⅲ-D
14	检修道及盖板	30	Ⅲ-D
15	沥青路面层	15	Ⅲ-D

11.1.4 沉管隧道环境类别与作用等级的划分应根据结构的使用条件,通过现场勘察及化验分析确定,且应充分考虑隧道纵向、横断面布置及结构内外等环境的差异。

条文说明: 环境作用是导致沉管隧道材料和结构性能退化的根本原因。同一结构所处环境不同,其性能退化程度也不同。因此隧道设计前应充分调查和勘察结构所处环境的类型,确定对结构及其材料有损害物质的成分与含量。调查内容包括气象、水文条件、场地使用历史等,工程地质勘察应包括地下水文和水质情况、地层矿物组成及其溶出性和腐蚀性。

11.2 材料耐久

11.2.1 混凝土材料的耐久性要求应满足下列规定:

1 混凝土最低强度等级、最大水胶比和最小胶凝材料用量,可按表11.2.1取值。

表11.2.1 混凝土最低强度等级、最大水胶比和最小胶凝材料用量

环境作用等级	最低强度等级	最大水胶比	最小胶凝材料用量(kg/m³)
A	C30	0.55	280
B	C35	0.50	300
C	C40	0.45	320
D	C45	0.40	340
E	C50	0.36	360
F	C50	0.32	380

条文说明: 混凝土的强度等级与耐久性之间并不存在一一对应关系,但在原材料保持不变的前提下,混凝土强度的高低在一定程度上反映混凝土的密实性。鉴于强度指标仍是工程现场检验混凝土质量的最简便方法,而对混凝土水胶

比与密实性的测定相对复杂,一般也不列为常规的质量检验项目。国内外混凝土耐久性都将强度作为随环境类别、环境作用等级以及设计使用年限而变化的主要控制指标。

2 应控制隧道结构混凝土原材料中侵蚀性物质的含量,混凝土主要原材料中酸碱及盐类宜符合相关规范或工程专用耐久性规程规定要求。

条文说明：

（1）主体结构宜采用强度等级不低于42.5级的硅酸盐水泥,水泥质量应符合现行《通用硅酸盐水泥》(GB 175)的规定。

（2）水泥的碱含量不宜大于0.60%,氯离子含量应低于0.03%。

（3）水泥中C_3A含量宜控制在6%～12%以内,对于大体积海工高性能混凝土,宜不高于8%。

（4）水泥由于受潮或其他原因而发生质量变化时,严禁使用。主体工程混凝土结构氯离子扩散系数要求如条文说明表11-4所示。

条文说明表11-4　主体工程混凝土结构氯离子扩散系数要求

主体工程混凝土结构	最大氯离子扩散系数($\leqslant 10^{-12}\,m^2/s$)	
	28d	56d
隧道主体结构	6.5	4.5

11.2.2 钢结构材料耐久性要求应满足下列规定：

1 普通钢材和非合金铝等金属材料用于海洋氯化物环境时应附加防腐蚀处理。

2 采用钢或其他金属结构时,应经过可靠的防腐蚀处理。

1) 隧道结构所处的环境条件为Ⅰ类时,可采用普通碳素钢、球墨铸铁。

2) 隧道结构所处的环境条件为Ⅲ类时,可维护或更换构件可采用耐候钢,并进行防腐处理,难以维护与更换的构件应选用不锈钢或其他合金材料。

条文说明：港珠澳大桥沉管隧道内、外侧永久和临时钢结构防腐措施如下：

1) 沉管内侧永久钢构件耐久性设计措施如条文说明表11-5所示。

条文说明表11-5　沉管内侧永久钢结构耐久性设计措施

序号	构件名称	防腐措施	备注
1	节段接头OMEGA止水带预埋件	(1)重涂装防腐蚀涂层; (2)底板内侧钢结构附加牺牲阳极保护; (3)设置5mm预留腐蚀厚度	内侧检修困难的永久钢结构
2	OMEGA止水带压件	(1)重涂装防腐蚀涂层; (2)底板内侧钢结构附加牺牲阳极保护	内侧检修困难的永久钢结构
3	OMEGA止水带紧固件	采用不锈钢材质	内侧检修困难的永久钢结构
4	钢剪力键紧固件、预应力锚具紧固件	锌基铬酸盐涂层$6\mu m$＋抗碱封闭涂层$10\mu m$	内侧永久钢结构
5	管节接头与节段接头的其他钢板	重涂装防腐蚀涂层	内侧永久钢结构

2) 沉管内侧临时钢结构,设计采取的耐久性措施包括:

(1) 采用重涂装防腐蚀涂层,涂层按设计使用年限10年考虑。

(2) 紧固件的涂装要求为:锌基铬酸盐涂层6μm+抗碱封闭涂层10μm。

3) 沉管外侧永久钢构件耐久性设计措施如条文说明表11-6所示。

条文说明表11-6 沉管外侧永久钢结构耐久性设计措施

序号	构件名称	防腐措施	备注
1	管节接头端钢壳、GINA止水带压件	(1)重涂装防腐蚀涂层; (2)底板内侧钢结构附加牺牲阳极保护; (3)设置5mm预留腐蚀厚度	外侧永久钢结构
2	GINA止水带紧固件	(1)采用不锈钢材质; (2)GINA压块内螺纹采用冷镀锌,厚度50μm	外侧永久钢结构
3	侧墙、中墙、顶板及底板钢筋混凝土剪力键榫槽预埋件	(1)重涂装防腐蚀涂层; (2)设置5mm预留腐蚀厚度	外侧永久钢结构
4	预应力锚具	(1)重涂装防腐蚀涂层; (2)设置5mm预留腐蚀厚度	外侧永久钢结构

4) 沉管外侧临时钢结构,设计采取的耐久性措施包括:

(1) 采用重涂装防腐蚀涂层,涂层按设计使用年限10年考虑。

(2) 紧固件的涂装要求为:热浸锌30μm。

11.2.3 其他材料耐久性要求应满足下列规定:

1 采用聚合物类有机材料的结构构件应避免直接暴露于高温或紫外线直射环境。

2 应合理利用防水材料、聚合物砂浆等有机类材料的耐腐蚀特性。

3 对于止水带等橡胶材料应重点防止渗漏海水,保障耐久性要求。

条文说明:港珠澳大桥沉管隧道接头的止水设施包括中埋式可注浆止水带、GINA止水带、OMEGA止水带等。主要耐久性要求如下:

(1) 中埋式可注浆止水带采用丁苯橡胶,设计使用寿命120年。

(2) GINA止水带采用天然橡胶,设计使用寿命120年。

(3) OMEGA止水带采用丁苯橡胶,设计使用寿命120年。

4 喷涂聚脲涂料设计厚度不应小于1.5mm,性能指标应符合表11.2.3的要求。

表11.2.3 喷涂聚脲的性能指标

序号	项目	技术指标
1	固体含量(%)	>98
2	凝胶时间(s)	<45
3	表干时间(s)	<120
4	拉伸强度(MPa)	>16

表11.2.3(续)

序号	项目	技术指标
5	断裂伸长率(%)	＞450
6	撕裂强度(N/mm)	＞50
7	不透水性	0.4MPa,2h不透水
8	黏结强度(MPa)	＞2.5
9	吸水率(%)	＜5.0

条文说明:喷涂聚脲弹性体前应对混凝土表面进行处理,清理主要针对混凝土表面的杂质和缺陷。表面处理后应达到以下要求:

(1) 混凝土强度不低于结构设计要求的强度等级。

(2) 确保所有的硅酸盐类杂质完全从混凝土表面冲洗掉,以保证聚脲涂层与混凝土底材的附着力。

(3) 清除各种妨碍附着力的物质,以使聚脲涂层与混凝土有良好的附着力。

(4) 聚脲涂层施工前,须检测混凝土中的含水率,正常情况下含水率应介于3%～4%;混凝土表面平整、无缺陷,必要时需涂覆专门的封闭底漆。

5 混凝土硅烷浸渍应符合现行《海港工程混凝土结构防腐蚀技术规范》(JTJ 275)及《公路工程混凝土结构耐久性设计规范》(JTG/T 3310)的相关规定。

11.3 构造措施

11.3.1 应根据结构功能和环境条件选择混凝土构件形式。构件截面几何形状应简单、平顺。

11.3.2 混凝土结构的表面形状应有利于排水,对于可能积水的部位宜设置倾斜面。对管节接头、节段接头槽等可能产生蓄水的部位,宜设置排水通道。

11.3.3 不同环境作用下混凝土构件的钢筋保护层应同时满足钢筋防锈、耐火以及钢筋与混凝土之间的力传递的要求,且不得小于钢筋的公称直径。

11.3.4 隧道结构施工缝、伸缩装置等的设置宜避开不利的环境作用。

11.3.5 极端严重腐蚀环境F级下的混凝土配筋构件,浇筑在其中的吊环、紧固件及连接板等结构连接件应与混凝土构件中的钢筋隔离。

11.3.6 钢筋混凝土构件中最外侧钢筋的混凝土保护层最小厚度应符合表11.3.6的规定。

表11.3.6 混凝土保护层最小厚度

环境作用等级	保护层最小厚度(mm)
A	30
B	40
C	50
D	60
E	70
F	75

注:1. 构件设计使用年限为120年。
   2. 表中数值为控制钢筋锈蚀所必需的混凝土保护层最小厚度,不包括钢筋安装定位的施工允差。

条文说明：钢筋的混凝土保护层是保障使用环境和荷载作用下，钢筋与混凝土之间具有良好的黏结性能。使用环境除本章节提到的各类腐蚀与侵蚀作用外，还有火灾高温、冲刷等，在目前的认知水平下可合理确定荷载作用下的钢筋保护层厚度，对于其他环境作用尚不存在成熟的设计模型。钢筋混凝土耐久性的研究者提出了不少材料劣化模型和试验统计公式，但目前尚未取得一致，因而，国内外的设计规范未依靠模型公式的计算结果，主要依靠工程经验判断给出参考值。

11.3.7 钢筋混凝土构件的表面裂缝最大宽度计算值不应超过0.2mm。

11.4 防腐措施

11.4.1 防腐蚀措施设计应满足下列要求：

1 环境作用D级以上的隧道结构可采用防渗涂层、改性材料以及附加防护层构造等措施。

2 环境作用E级可在混凝土中掺入钢筋阻锈剂、采用牺牲阳极保护等措施。

3 混凝土结构可通过防水浸渍剂、渗透结晶剂、防水涂层等表面涂层改善其抗渗性能；环境作用E级混凝土结构可增设防腐蚀面层。

11.4.2 混凝土结构使用阶段的耐久性维护应满足下列要求：

1 应以工程交付使用前的混凝土结构与构件的耐久性评估指标作为结构运营的耐久性起点状态。

2 应及时采集混凝土结构耐久性监测系统数据，实时定量评估混凝土结构和构件的耐久性状态。

3 结构运营期间，应针对混凝土结构和构件建立耐久性检测制度。

4 应根据混凝土结构和构件的耐久性起点状态，建立合理的构件维护制度。

条文说明：维护制度应结合构件在具体环境条件下的实际劣化过程以及相关的耐久性检测与监测数据，合理安排构件维护强度和维护时间与频次，以最优的维护成本保证混凝土结构和构件的耐久性可靠指标满足设计要求。在主体混凝土结构遭遇自然灾害（地震、异常潮位）、发生火灾、爆炸、车辆事故或船舶沉没、隧道上方的海底疏浚等异常事件后，对遭受影响的结构立即进行的详细检查，及时掌握结构受损情况，进行有针对性的抢修，并提出相应对策。

港珠澳大桥沉管隧道主体结构按1次/年对混凝土结构状况等进行人工巡检，检测内容包括：混凝土腐蚀、混凝土裂缝状况、混凝土表观损伤、混凝土强度、混凝土碳化深度、混凝土氯离子含量、混凝土电阻率、混凝土保护层厚度；检测仪器包括：智能测宽仪、智能裂缝监测仪、数字回弹仪、碳化深度测量仪、氯离子含量快速测定仪、混凝土电阻率测试仪。

11.4.3 沉管隧道结构应预留远期阴极保护措施，并应满足下列要求：

1 应对沉管结构钢筋笼、永久金属预埋件、节段之间及管节之间等进行电连续设计，并进行电连续检测。

2 应进行参比电极及腐蚀电池预埋设计。

条文说明：根据钢筋混凝土结构防腐技术现状，港珠澳大桥沉管隧道结构远期拟实施外加电流法（外置辅助阳极）进行阴极保护，工程实施中预留远期阴极保护措施。在施工阶段通过对管节结构钢筋笼、节段之间及管节之间进行电连接，以备后期可实施阴极保护；通过预埋参比电极及腐蚀电池，监测钢筋混凝土腐蚀情况，确定阴极保护实施时机。钢筋的电连接宜采用焊接，也可采用压接或绑扎方式，应确保保护单元内钢筋之间、钢筋与金属预埋件之间的电阻均应小于1.0Ω，电连续检测具体要求可按《海港工程钢筋混凝土结构电化学防腐蚀技术规范》（JTS 153-2）等相关规范执行。

11.4.4 钢壳混凝土组合结构宜采用牺牲阳极保护的防腐蚀措施。

条文说明：牺牲阳极防腐具有稳定性好、经济效益好、易维修和保养等优点。港珠澳大桥沉管隧道钢壳混凝土最终接头采用了牺牲阳极块及预留腐蚀厚度等防腐蚀措施。

12 施工监测与运营期健康监测

12.1 一般规定

12.1.1 应根据沉管隧道工程全寿命周期特点和功能，开展施工监测和运营期健康监测系统设计。

条文说明：沉管隧道施工期应对基槽边坡、管节预制、管节浮运、沉放安装、干坞等关键环节实施监测。隧道施工期的监测除实现隧道工程信息化施工外，还可为运营期健康监测提供初始值。

近年来，包括港珠澳大桥沉管隧道、上海长江隧道、南京扬子江隧道等一些重要的水下隧道都已逐步建立了运营期健康监测系统，开展了运营期隧道结构和运营环境全过程监测。运营期结构健康监测系统可以为工程的维护、保养、安全决策及病害诊治提供科学依据。

12.1.2 施工监测与运营期健康监测系统应协同设计。

条文说明：沉管隧道运营期结构内力、结构变形和管节相对位移等初始值是施工各阶段累加的结果，两阶段测点布置、监测方法、仪器设备选型等宜一致。能够将施工监控阶段能输出标准信号的设备接入健康监测系统，以实现监测数据的连续性。

12.1.3 应对监测数据进行综合分析，并开展动态设计。

12.1.4 监测硬件设备和软件系统应技术先进、稳定可靠、操作方便、经济实用、便于维护更换及扩展升级。

12.1.5 传感器选型应满足量程、测量精度、分辨率、灵敏度、长期稳定性、耐久性、环境适应性和经济性等要求。

条文说明：传感器选择应便于系统集成，安装前应进行标定、校准或自校。

12.2 施工监测

12.2.1 应编制施工期专项监测方案，施工监测应贯穿管节预制、管节浮运、沉放、对接安装等全过程。

条文说明：沉管隧道施工期监测涉及的内容多，监测作业的不确定性与难度大，为确保监测的有效实施，应编制专项的沉管隧道施工期监测方案，包括监测目的、内容、具体方案以及监测的反馈预控机制等。

应采用科学的监测手段、选择合理的控制标准，通过及时信息反馈、高效的决策机制和完备的处置方案，保证隧道施工安全及结构几何及力学状态满足设计及长期运营的要求。

12.2.2 沉管隧道施工期常规监测项目、监测方法及监测频率宜按表12.2.2选取。

表12.2.2 沉管隧道施工监测的主要项目、监测方法及监测频率一览表

序号	监测内容		建议方法	监测频率	
				变载期	恒载期
1	管节预制阶段	混凝土重度	试块称重	—	
2		浇筑温度	埋入式温度传感器		
3		混凝土裂缝	目视、读数显微镜		
4		端钢壳变位	高精度全站仪		

表12.2.2（续）

序号	监测内容		建议方法	监测频率	
				变载期	恒载期
5	水文气象监测	海面风速、风向	风速风向仪	在浮运、沉放前1个月及过程中连续观测	
6		海面波浪	浪高仪		
7		水流	海流计		
8		水位	水尺		
9	浮运沉放安装阶段	基槽回淤量	双管叉式γ-射线淤泥密度	沉放前二次	
10		浮运航道边坡监测	单波速/多波速测深仪	沉放前1个月内不少于1次/7d	
11		管节沉降	电子水准仪	1次/(1～2d)	1次/7d
12		管节位移	全站仪	1次/(1～2d)	1次/7d
13		接头变形	三向位移计	1次/1d	1次/7d
14		墙面倾角	倾角仪	1次/1d	—
15		端封门变形及应力	位移计、应变计	1次/1d	—
16		管节系泊缆力	测力计	1次/1d	1次/7d
17		GINA张合量	位移计	1次/1d	1次/7d
18		基槽边坡	单波速/多波速测深仪	沉放前1个月内不少于1次/7d	
19		沉管覆盖防护层	单波速/多波速测深仪	沉放后1个月内不少于1次/7d	
20	干坞	边坡稳定性	高精度全站仪	—	
21		基底沉降	高精度全站仪		
22		干坞变形	高精度全站仪		

12.2.3 沉管隧道监测宜建立国家二等水准网，采用闭环控制法确定误差调整及偏差解决预案。

12.2.4 应及时处理分析监测数据并反馈监测成果。

条文说明：港珠澳大桥沉管隧道为保证施工全过程结构安全、防水可靠，进行全过程施工监控，主要内容有：

（1）对管节沉降、接头张合、管内温度变化等进行连续监测，根据监测分析判断结构工作状态、了解结构沉降变形实际规律，确定管节接头剪力键及OMEGA止水带安装时机，确定先铺碎石基床预抬量值，对管节纵向安装长度及位置进行动态控制。

（2）对沉管有无漏水及裂缝发展进行连续监测。

（3）对管顶回填加载工序、加载量及均匀度进行监控。根据监测确定管内压舱砼浇筑顺序及数量；根据监测确定端封门、水箱拆除时机。

（4）对端封门变形及应力进行连续监控。监测值与理论计算值进行对比，并分析判断端封门工作状态，保证工程安全。

12.3 运营期健康监测

12.3.1 健康监测系统应与隧道主体结构同步进行专项设计。

条文说明：运营结构健康监测系统应与隧道主体结构设计同步进行。系统设计方案应基于隧道结构设计方案进行，应包括下列主要内容：系统功能要求与总体方案，监测内容、测点布置、方法、设备选型、安装，系统各模块的工作流程、工程设计、项目设计及集成方案，系统数据采集、传输、处理与管理方案；系统供电、通信、防雷、保护方案等。

12.3.2 运营期健康监测应对隧道安全性和耐久性等进行监测。监测项目可按表12.3.2要求执行。

表12.3.2 沉管隧道结构健康监测项目一览表

序号	监测类别	监测项目	测点位置描述	可用仪器
1	工作条件和荷载源监测	环境温、湿度	隧道结构侧墙上	温度、湿度仪
2		动态交通荷载	隧道出入口处	动态称重系统
3		结构温度	与结构应变监测点对应	温度传感器
4	结构响应监测	管节、节段间相对位移	管节接头、节段接头处侧墙及顶板	位移计、角度计
5		结构应变	管节中部受力不利位置	应力应计
6		地震响应	地质变化大、荷载突变处	强震仪
7	腐蚀监测	结构腐蚀	管节结构背水侧保护层内	腐蚀计
8	渗漏监测	接头渗漏水	管节接头两道止水带间的空腔	水压计

条文说明：管节接头、节段接头的张合与止水带特性密切相关，其工作状态是反映接头结构寿命和沉管隧道止水安全性能的关键，因此，施工期重点对管节接头张合量及错开量、管节接头剪应力、GINA止水带压缩状态、节段接头的张合量等进行监测。

12.3.3 健康监测系统的设计使用年限应根据主体结构及附属结构的要求确定。

条文说明：在正常维护和可更换条件下，健康监测系统应能保证服务于隧道结构运营期。健康监测传感器使用寿命要求可参照现行《公路桥梁结构安全监测系统技术规程》(JT/T 1037)执行。

12.3.4 健康监测系统应包括传感器模块、数据采集与传输模块、数据处理与控制模块、安全预警及评估模块、用户界面模块等，并通过系统集成技术将各模块集成为统一协调的整体。

12.3.5 健康监测系统应具有数据分析、安全预警、安全评估、损伤诊断、技术状况评定、专项评估等功能。

12.3.6 健康监测系统宜采用自动化在线监测和人工巡检并重的方式。

条文说明：沉管隧道健康监测一般采用自动化监测与人工巡检相结合的方法，多种手段互为补充、相互印证。自动化监测具有监测效率高、主观因素影响小等优点，但也存在监测仪器费用高、监测点覆盖有限问题。人工巡检具有灵活机动的特点，可及时、全面地发现隧道结构裂缝、新增漏点、混凝土剥落等异常情况。

12.3.7 监测断面选取和监测点布置应具有典型性和代表性。

条文说明：监测断面选择和测点布置位置应充分利用结构分析计算的结果，根据结构受力特点、外部环境和荷载作用确定。如：荷载、应力监测点应布置在结构顶板、底板、侧墙中部等受力较大的部位。变形监测点应布置在隧道埋深变化大、地质条件变化大的段落。

12.3.8 健康监测系统中自动化监测项目的采样频率应根据监测类型和具体要求设定。动态信号采集应满足采样定理。

条文说明：隧道监测项目的采样频率可根据项目不同阶段需求确定，也可参照现行《公路桥梁结构安全监测系统技术规程》(JT/T 1037)中关于结构荷载与环境监测、结构整体与局部响应项目监测频率确定。

13 临时工程设计

13.1 一般规定

13.1.1 沉管隧道临时工程设计应遵循位置合适、规模适当、经济合理、安全可靠、统筹规划的原则，包括干坞、寄放区及临时航道等。

条文说明：沉管隧道干坞、寄放区及临时航道等临时工程，前期投入大，其选址布置应经多方案比选后综合确定。

13.1.2 应结合周边环境、工程地质、航道条件、施工工期、工程造价、管节预制工艺等综合确定干坞位置、规模及类型。

条文说明：干坞位置和规模应根据施工组织、经济性、管节尺寸及管节数量等情况确定，并应对管节预制批次进行充分比较，在满足施工工期需求前提下，尽量节省工程投资。

13.1.3 临时工程设计基准期宜取20年。

13.2 干坞

13.2.1 干坞设计使用年限应根据工程筹划确定，并不低于5年。

13.2.2 干坞坞顶防洪高程应符合现行《堤防工程设计规范》(GB 50286)的相关规定。

13.2.3 干坞类型应结合管节结构、管节数量、预制要求、工期筹划、场地条件、造价、位置等因素确定。

条文说明：沉管干坞根据场地类型可分为固定式干坞和移动式干坞，根据场地位置可分为旁建干坞和轴线干坞；固定式干坞根据生产方式不同又可分为工厂法干坞、传统干坞等。工厂法是在工厂内通过流水线作业进行管节制作的方法。当管节数量多、预制连续性要求高、质量要求较高时，可选择工厂法干坞；当管节数量少、场地条件受限时可采用移动式干坞；当采用旁建干坞对工程造价影响较大，工期要求相对宽松时可采用轴线干坞。港珠澳大桥沉管隧道采用工厂法干坞。

13.2.4 干坞选址应符合下列规定：

1 干坞选址应根据管节数量、结构形式、预制方式、地理位置、浮运条件、工期筹划、征地拆迁、工程造价等因素确定。

2 干坞场址应便于管节预制用材料运输，并利于管节舾装与出运。

条文说明：地理条件允许时宜采用较大干坞，一次能多节管预制，预制工期短，对综合成本有利。城市内因征地拆迁等情况，可利用沉管隧道建造轴线干坞的方案。干坞建设应根据实际投资、工期等技术经济指标进行全面分析确定。港珠澳大桥沉管隧道坞址在对珠江口周围地区可能场地广泛调研基础上，最终综合技术、风险、可实施性、对环境影响、造价等方面比较，选址于珠海市万山区桂山岛北端的牛头岛，该处距隧道区约12km，岛西侧约0.8km处为现有榕树头航道。水域开挖支航道与现有榕树头航道连接，利用榕树头航道浮运至管节沉放地点。

13.2.5 工厂法干坞设计应符合下列规定：

1 干坞场地分区及规模应根据管节预制生产流水线工艺方案确定，分区应包括钢筋加工区、管节预制区、浅坞区、深坞区等。

2 管节预制区与浅坞区坞底应采用相同高程，且不应低于设计最高水位。

3 坞底高程应根据干坞位置、出坞航道底高程、拖运设备、水文资料、水位保证率等确定,深坞区坞底高程 H_a 可按式(13.2.5-1)计算:

$$H_a = H_0 - H + h_g - H_s \tag{13.2.5-1}$$

式中：H_0——管节出坞设计水位高程(m)；

H——管节外包高度(m)；

h_g——管节干舷(m)；

H_s——管节底部至坞底的起浮安全距离(m),不宜小于 0.5m。

4 坞门和坞墙高程 H_q 应按式(13.2.5-2)计算：

$$H_q = H_d + H + 1.0 \tag{13.2.5-2}$$

式中：H_d——浅坞区坞底高程(m)；

H——管节外包高度(m)。

5 坞门应采用可多次启闭的结构,可采用钢筋混凝土、钢结构或钢混组合结构,深坞门应结合坞址气象条件、水文条件等因素进行抗风浪设计。

6 坞区应设置灌排水系统。

7 坞坑结构应根据地质条件进行设计。岩质区域可采用直立结构,并可采用灌浆、橡胶止水层等止水措施；含砂层、砂砾等透水性强区域应采用混凝土或钢板桩止水结构。

8 寄放区布置应结合施工工艺、环境条件等确定,宜设置在深坞内。

条文说明：工厂法预制场设计除考虑管节的长度、高度、数量、坞顶和坞底高程、出坞航道、工期要求、经济性能等外,还应考虑干坞的抗渗,尤其浅坞墙的抗渗与抗浮。工厂生产线高程设置以保证最高水位不淹没为宜。浅坞与深坞可选择直线型布置和并列型布置,直线型布置对沉管出运移动比较有利；并列型布置可较合理减少场地使用面积。坞口宜兼顾进水及排水结构,进排水口不宜远离坞口。

管节寄放方式选择应考虑管节长度和数量、水深、水文等因素,寄放区大小应根据施工期可能存放的最多管节数量来确定。港珠澳大桥沉管隧道寄放区布置于深坞内。

港珠澳大桥沉管预制工厂预制车间、浅坞和深坞呈"L"形,深坞与浅坞并行布置,如条文说明图 13-1 所示。

条文说明图 13-1 港珠澳大桥沉管隧道干坞布置

13.2.6 干坞基坑开挖与支护应进行强度、变形和稳定性计算,并应符合现行《建筑基坑支护技术规程》(JGJ 120)的相关规定。

13.2.7 干坞基坑监测应符合现行《建筑基坑工程监测技术规范》(GB 50497)的相关规定。

13.3 临时航道

13.3.1 航道设计应优先利用既有航道。

13.3.2 出坞航道设计应符合下列规定：

1 出坞航道应根据航道水流、气象、出坞工艺等因素，确定航线布置、航道宽度及底部高程。

2 出坞航道在坞口范围及寄放区应充分探测水下地形、地貌，确保无水下障碍物。

3 应在坞口构造物设置防撞设施。

条文说明：管节刚出坞时段，航行的航线与常风向、常水流有较大的角度情况下，需在航道口范围布置必要的防撞设施。

13.3.3 浮运航道设计应符合下列规定：

1 管节浮运航道可兼具船舶临时通航及原有航道的功能，当浮运航道兼具原有航道的功能时，宜按永临结合设计。

2 最低通航水位 H_t 宜按式(13.3.3)计算：

$$H_t \geqslant H - h_g + h_s \tag{13.3.3}$$

式中：H——管节外包高度(m)；

h_g——管节干舷(m)；

h_s——安全距离(m)。

3 应结合管节浮运调头区及管节布置等进行浮运航道布置。

4 管节浮运航道宽度应根据管节水动力性能、浮运方案、水流、风浪等条件确定。

5 应在沉管隧道轴线附近设置管节调头区，并按航道要求设置临时导航及警示标志。

条文说明：航道最低通航水位安全距离 h_s 的确定应考虑沉管吃水、沉管航行时下沉值、波浪富余深度、备淤富余深度等因素，在海洋环境下浮运时，底板与航道底部安全距离不应小于1.0m。浮运航道设计应尽量减少航道转换次数。

13.3.4 沉管施工区域与航线交叉或重叠时，应进行航线临时改道专项设计。

14 管节舾装设计

14.1 一般规定

14.1.1 管节舾装设计应遵循安全可靠、便于拆装、重复利用、经济合理的原则。

14.1.2 管节舾装设计应综合管节的防水、操控、压舱、风险控制和舾装工艺等因素确定。

条文说明：管节舾装的目的是为了满足管节浮运、沉放等施工的需要，应根据工况及施工条件，采用成熟的舾装设计方案，降低风险，确保施工安全，同时结合施工工艺与设备，实现标准化施工，方便安装拆卸，提高使用率。

通常情况下，管节舾装分为一次舾装和二次舾装。一次舾装包括端封门、压载水箱及系缆柱、吊点、绞缆盘台座、拉合台座、导缆器、GINA保护罩等舾装件。二次舾装包括沉放驳（安装船）、测量塔、拉合千斤顶、人孔井、导向装置等舾装件。

14.1.3 应对端封门、压载水箱、测量塔、吊点、系缆柱、拉合台座等舾装件进行结构强度、变形及稳定性分析。

14.2 端封门

14.2.1 端封门宜采用装配式钢结构，应满足水密性要求，并进行强度及刚度计算。

条文说明：端封门是实现管节端头封闭水密的临时辅助安装设施，主要有钢结构和钢筋混凝土两种形式，具体选用应进行经济、技术、施工风险等综合比较。钢端封门可重复利用，应用相对较多，有固定板式和装配式两种。钢端封门的主要部件包括有钢封门、焊接型H型钢、预制牛腿等构件。端封门需根据实际需求预留通气管、进水管、排水管、电缆孔、水密门等设施。

14.2.2 端封门与周边结构连接应满足防水性要求，宜采用焊接密封止水，焊接技术要求应符合现行《钢结构焊接规范》（GB 50661）的相关规定。

条文说明：端封门与周边结构连接防水构造主要有密封钢板焊接止水与橡胶密封条压缩止水两种形式：港珠澳大桥沉管隧道采用密封钢板焊接密封止水，止水密封钢板应具有适应端封门变形的能力；韩国釜山-巨济沉管隧道采用橡胶密封条压缩止水。

14.2.3 端封门的管线开孔应采用钢管焊接止水连接，并设置球阀挡水。

14.2.4 端封门上应设置供人员和物资进出的舱门。

条文说明：为便于管节对接后的贯通测量和小型施工物资的输送，端封门上至少设置一扇舱门，供人员和物资进出。

14.2.5 端封门应按照施工期最不利工况条件下的梁板结构进行计算，并应采用最高水位进行校核。

条文说明：施工期端封门主要作用有水压荷载等，基槽开挖有硬岩爆破或近距离清淤作业时，应采取有效的保护措施。

14.3 压载水箱

14.3.1 管节内压载水箱宜选用轻便可拆装结构。

条文说明:压载水箱常用的主要有钢木结构水箱和钢结构水箱两种,也可采用压载水袋等其他措施。港珠澳大桥沉管隧道采用钢木结构压载水箱,在行车孔前后全宽设置2道可拆装挡墙结构围成水箱。水箱挡墙基本构造如条文说明图14-1所示。

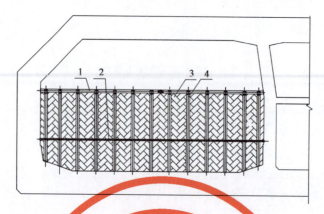

条文说明图14-1 钢木结构压载水箱挡墙结构示例
1-上横梁;2-下横梁;3-木板;4-钢立柱

14.3.2 压载水箱纵向布置宜根据管节重心按轴线对称分舱设置,横向可采用全断面布置或半断面布置。

条文说明:压载水箱用于管节在起浮、发生偏转、系泊和沉放时进行压重控制。压载水箱分布在管节内部,通过往水箱内注水或排水的方式控制管节的抗浮力,一般在管节行车孔内部对称设置。

港珠澳大桥沉管隧道标准管节采用全断面布置的钢木水箱,对称均匀布置6处。钢木水箱挡墙由钢框架及木板墙组成,钢框架主要部件包括钢立柱、横梁、拉杆及其预埋件等;木板墙在水箱侧设防水膜隔水。

14.3.3 压载水箱的有效容积计算应根据管节沉放坡度、预制误差等因素确定,并应满足施工期管节抗浮安全要求。

条文说明:压载水箱的有效容积应能满足5%~6%管节自重的负浮力要求。

14.3.4 压载水箱的布置应满足管节浮运及沉放期间的稳定性和结构受力的要求。

14.3.5 压载水箱应设置能满足管节两端独立进水、排水的管路。

条文说明:压载水箱设计需考虑进排水系统、预埋件及与压重混凝土置换施工顺序的协调。

14.4 其他辅助设施

14.4.1 测量塔应根据功能、构造和使用要求进行设计,并应符合下列规定:

1 测量塔钢结构应与管节预埋螺栓连接。

2 测量塔宜按空间体系进行结构整体分析,按浮运、沉放工况分别进行计算。

条文说明:测量塔是管节沉放过程中测量管节姿态、平面位置及高程的重要设备。测量塔一般为装配式的钢管结构。测量塔钢结构通过预埋螺栓与管节的钢筋混凝土结构连成一体,测量塔应根据构造要求和施工要求进行设计,一般可重复使用。测量塔设计应验算沉放工况气象条件下变形(塔顶位移≤5mm)与防台等恶劣天气条件下承载力。

14.4.2 吊点设计应符合下列规定:

1 吊点钢结构应与管节预埋螺栓连接。

2 吊点宜设置4处,且与压舱水箱的位置相匹配。

3 吊点最大起吊力应按管节沉放过程中1个吊点失效的工况进行计算。

条文说明：沉管通过钢索与沉放驳相连，钢索与管节的连接点就是吊点。吊点是沉放作业的支点，它通过管节侧墙顶部的预埋脚螺栓固定在管节上。吊点需要在坞内安装到位，沉放到位后在水下拆卸，可重复利用。吊点构造如条文说明图14-2所示。

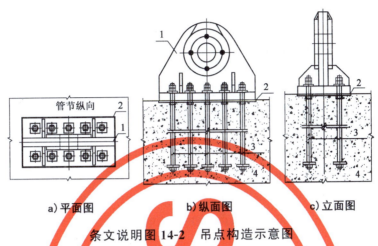

a) 平面图　　　　　b) 纵面图　　　　　c) 立面图

条文说明图14-2　吊点构造示意图
1-吊点；2-预埋件；3-螺栓；4-顶板

14.4.3 系缆柱设计应符合下列规定：

1 系缆柱钢结构应与管节预埋螺栓连接。

2 应对称布置，可根据管节长度布置6组或8组系缆柱。

3 应根据施工过程中系缆柱承受荷载进行强度计算，系缆力可按水工模型试验确定。

条文说明：系缆柱用于管节的移坞、系泊、浮运及沉放施工，沿管节的纵向对称布置。在干坞内管节起浮之前，系缆柱必须安装到位。管节角部的系缆柱在管节浮运、沉放施工过程中主要起到缆线支点的作用；管节中间位置的系缆柱主要用于管节的浮运与横移。系缆柱可通过螺杆与管节顶部的预埋件相连，宜沿管节纵向对称布置。系缆柱系缆力可结合水工模型试验进行确定，风浪流等条件相对简单，无条件开展水工模型试验时，可根据管节系泊、浮运、沉放过程中，考虑风、波浪和水流对管节共同作用所产生的横向分力总和与纵向分力总和，按现行《港口工程荷载规范》(JTS 144-1)进行系缆力计算。港珠澳大桥沉管隧道系缆柱构造如条文说明图14-3所示。

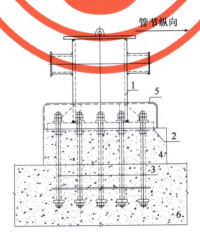

条文说明图14-3　系缆柱构造示意图
1-系缆柱；2-预埋件；3-锚栓；4-拉合台座；5-柱脚保护框；6-顶板

14.4.4 导向装置设计应满足下列要求：

1 导向装置钢结构应与管节预埋螺栓连接。

2 导向托架、导向杆预埋件的安装应充分考虑模板和钢筋安装及制作误差。

条文说明：导向装置用于沉管管节安装时的对接定位构造如条文说明图14-4所示。

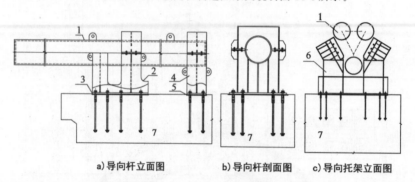

条文说明图 14-4 导向装置构造示意图

1-导向杆；2-导向杆前支座；3-前支座预埋件；4-导向杆后支座；5-后支座预埋件；6-导向托架；7-主体结构

14.4.5 拉合装置设计应满足下列要求：

1 拉合装置应包括拉合台座、拉合千斤顶等。

2 设计拉合力应依据拟定的管节拉合施工方案计算确定。

条文说明：拉合装置用于管节对接时GINA止水带的初次压合止水，拉合装置与隧道管节顶部的钢筋混凝土拉合台座相连。拉合台座拉合力应根据选定GINA止水带的压缩曲线，按GINA止水带鼻尖压缩量达到初步止水时对应的压缩力进行计算。

14.4.6 人孔设计应满足下列要求：

1 应在管顶设置临时人孔，宜与测量塔匹配。

2 沉放后管顶的人孔封堵应按永久结构进行设计，并应满足水密性与耐久性的要求。

条文说明：为方便操作人员在管节系泊、沉放就位时进入管节内部，在管节顶板上设置临时作业用人孔，如条文说明图14-5所示。待管节沉放完毕后，应及时对顶板人孔进行封孔。

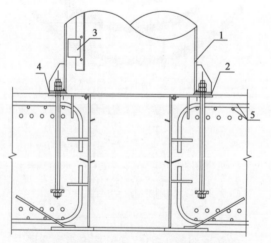

条文说明图 14-5 人孔构造示意图

1-人孔；2-止水橡胶板；3-爬梯；4-预埋件；5-结构主筋

15 运营设施设计

15.0.1 沉管隧道运营设施应包括通风与排烟系统、照明系统、综合监控系统、通信系统、供配电系统、给排水系统、防灾救援系统、交通安全设施、内装与路面等。

15.0.2 运营设施应与土建工程同步设计。

15.0.3 左、右行车孔之间应设人行横通道，人行横通道设计应满足下列要求：

1 纵向间距应结合工程实际条件确定，不大于250m。

2 人行横通道两端应设置防火门。

3 人行横通道应与两侧检修道顶面平顺过渡。

条文说明：港珠澳大桥沉管隧道经专题研究，纵向每135m设置一处人行横通道。防火门的具体要求应符合现行《公路隧道设计规范 第二册 交通工程与附属设施》(JTG D70/2)的相关规定。安全门底面、检修道顶面及安全通道应平顺过渡。

15.0.4 当采用重点排烟方式，专用排烟道应满足下列要求：

1 管节接头与节段接头处应进行密闭处理。

2 排烟道两端应与排风井平顺过渡，表面平滑。

15.0.5 中管廊专用排烟道与逃生通道之间应设置隔断，逃生通道与管线廊道之间应设置隔板，并便于维护检修。

条文说明：港珠澳大桥沉管隧道中管廊排烟通道与逃生通道之间设置300mm厚钢筋混凝土隔断结构，隔板每540m预留一处检修人孔。逃生通道与管线通道之间设置复合钢格板进行隔断，满足可开启、承载、轻质、耐火等功能要求。

15.0.6 隧道进出口宜根据环境条件采取光过渡措施。

条文说明：港珠澳大桥沉管隧道近东西向布置，眩光严重，通过在隧道进出口设置110m长的减光格栅等措施，缓解驾驶员进出隧道的"白洞效应"和"黑洞效应"。

15.0.7 隧道结构及接头应进行防火设计。

条文说明：港珠澳大桥沉管隧道防火设计满足火灾热释放率50MW与RABT标准升温曲线测试的耐火极限不低于2h的标准，具体要求如下：

（1）在2h内保证被保护的混凝土结构表面温度不大于380℃，或距离混凝土表面25mm处的钢筋温度不大于300℃。

（2）接头处采用防火措施隔热后OMEGA及GINA止水带区域的最高环境温度不大于150℃；100℃以上时间不超过1h；70℃以上时间不超过2h。

15.0.8 应在隧道洞口布设路面横向截水沟与雨水泵房，并在隧道最低点设置集水池与废水泵房。

条文说明：港珠澳大桥在隧道东、西人工岛暗埋段口部各设一座洞口雨水泵房，并在暗埋段口设置路面横截沟，拦截隧道洞口段雨水进入泵房集水池。雨水经泵提升后排入人工岛周边设置的排水明渠。

港珠澳大桥沉管隧道采用W形纵坡，沉管段有两处最低点，设置了两处废水泵房，相应地设置横向排水沟，用于汇集隧道内路面废水，并将汇水排入隧道废水泵房。

15.0.9 隧道路面、排水沟、检修道、内装、管线等跨管节接头处的构造应能适应运营期的接头变形要求。

条文说明：为适应管节接头处纵向张合和微小转动等变形要求，港珠澳大桥沉管隧道路面、排水沟、检修道、内装、管线等跨管节接头处的构造都进行了特殊设计。

15.0.10 沉管结构侧壁设备箱预留洞室设计应结合功能需要、结构及防水安全及施工便利等确定，并满足下列要求：

1 预留洞室宜优先在结构中墙设置，模数化布置。

2 预留洞室边缘距离管节接头、节段接头应不小于3m。

3 最终接头不应布置预留洞室。

用 词 说 明

1 本指南执行严格程度的用词,采用下列写法:

 1) 表示严格,在正常情况下均应这样做的用词,正面词采用"应",反面词采用"不应"或"不得"。

 2) 表示允许稍有选择,在条件许可时首先应这样做的用词,正面词采用"宜",反面词采用"不宜"。

 3) 表示有选择,在一定条件下可以这样做的用词,采用"可"。

2 引用标准的用语采用下列写法:

 1) 在标准条文及其他规定中,当引用的标准为国家标准或行业标准时,应表述为"应符合《××××××》(××××)的有关规定"。

 2) 当引用标准中的其他规定时,应表述为"应符合本指南第×章的有关规定""应符合本指南第×.×节的有关规定""应按本指南第×.×.×条的有关规定执行"。